虽为人作 宛自天开

宛自天开

虽为人作

宛自天开

故 宫 趣 解

刘振羽　编著

北京联合出版公司

Beijing United Publishing Co.,Ltd

图书在版编目（CIP）数据

虽为人作　宛自天开：故宫趣解 / 刘振羽编著 . —
北京 ：北京联合出版公司，2021.1
　　ISBN 978-7-5596-4711-5

　　Ⅰ．①虽… Ⅱ．①刘… Ⅲ．①故宫－北京－通俗读物
Ⅳ．① K928.74-49

　　中国版本图书馆 CIP 数据核字（2020）第 222780 号

虽为人作　宛自天开：故宫趣解

作　　者：刘振羽
出 品 人：赵红仕
责任编辑：徐　樟
特约编辑：兰心仪
装帧设计：苏　玥
内文排版：高巧玲

北京联合出版公司出版
（北京市西城区德外大街 83 号楼 9 层　100088）
北京联合天畅文化传播公司发行
北京美图印务有限公司印刷　新华书店经销
字数 100 千字　787 毫米 ×1092 毫米　1/24　8.5 印张
2021 年 1 月第 1 版　2021 年 1 月第 1 次印刷
ISBN 978-7-5596-4711-5
定价：78.00 元

前 言

　　中华文明至今已有五千年璀璨辉煌的历史，近来的考古发现更是将中华文明的起点推至八千多年以前。可以说，自伏羲氏仰观天象、俯察地理而自创八卦神符起始，我们的祖先便开始探索与自然和谐共存的道路，由此形成了"天人合一"的哲学思想，它也是中华传统文化的精髓，正所谓"与人和谓之人乐，与天和谓之天乐"。

　　这份古老的哲学理论也体现在传统建筑当中，其中集大成者，莫过于我国也是世界上规模最大、保存最完整的宫殿建筑群——故宫。在600年前的明朝，紫禁城就已巍然屹立，它不仅是中华民族珍贵的文化遗产，也是中华传统文化的重要载体。论大局，可言规制、结构、布局、匾额；说细节，可谈构件、窗花、栏杆、脊兽，国人的奇思妙想与千年的文化积淀都在此得以集中展现，就连花草树木也在这 600 年间与故宫共历风雨，渐渐融为一体，成为了有生命的文物。

"虽为人作，宛自天开"。一条中轴线贯穿紫禁城，奠定宏大格局，两侧宫殿排列展开，左右对称，其规划融入了多种传统文化元素，各处细节都休现了"恬神守志"的哲学智慧。

本书依照故宫的布局，分为中、西、东三条行走线路，可以令读者通过笔者的学思视角探寻故宫奥妙，让我们置身于故宫的金瓦红墙间，更深入地领略中华文明之美。

刘振羽

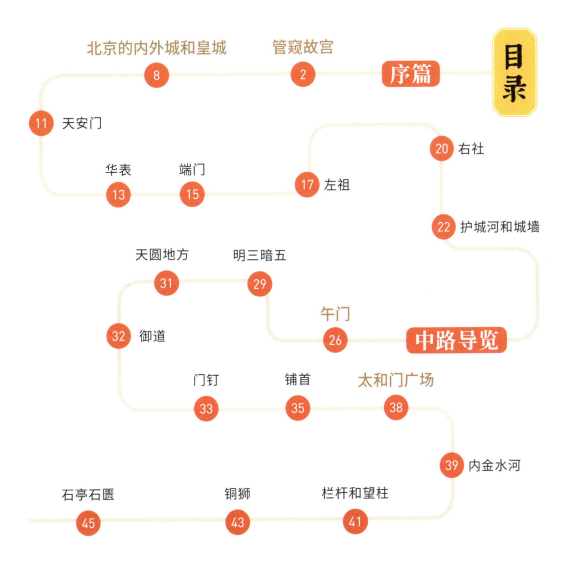

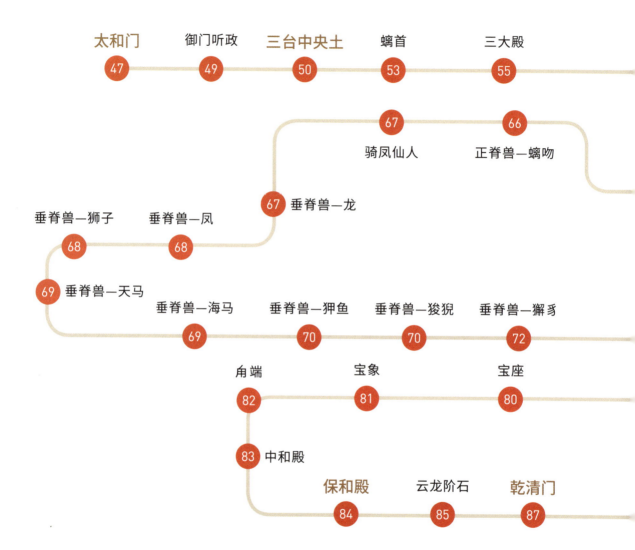

太和门 47
御门听政 49
三台中央土 50
螭首 53
三大殿 55
骑凤仙人 67
正脊兽—螭吻 66
垂脊兽—龙 67
垂脊兽—狮子 68
垂脊兽—凤 68
垂脊兽—天马 69
垂脊兽—海马 69
垂脊兽—狎鱼 70
垂脊兽—狻猊 70
垂脊兽—獬豸 72
角端 82
宝象 81
宝座 80
中和殿 83
保和殿 84
云龙阶石 85
乾清门 87

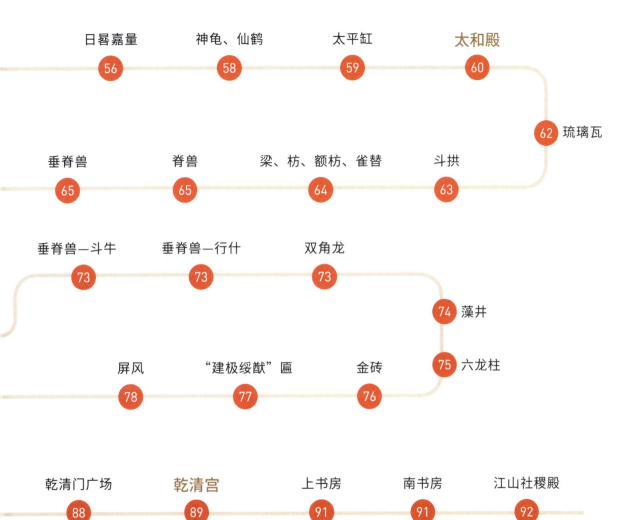

日晷嘉量 56

神龟、仙鹤 58

太平缸 59

太和殿 60

琉璃瓦 62

垂脊兽 65

脊兽 65

梁、枋、额枋、雀替 64

斗拱 63

垂脊兽—斗牛 73

垂脊兽—行什 73

双角龙 73

藻井 74

六龙柱 75

屏风 78

"建极绥猷"匾 77

金砖 76

乾清门广场 88

乾清宫 89

上书房 91

南书房 91

江山社稷殿 92

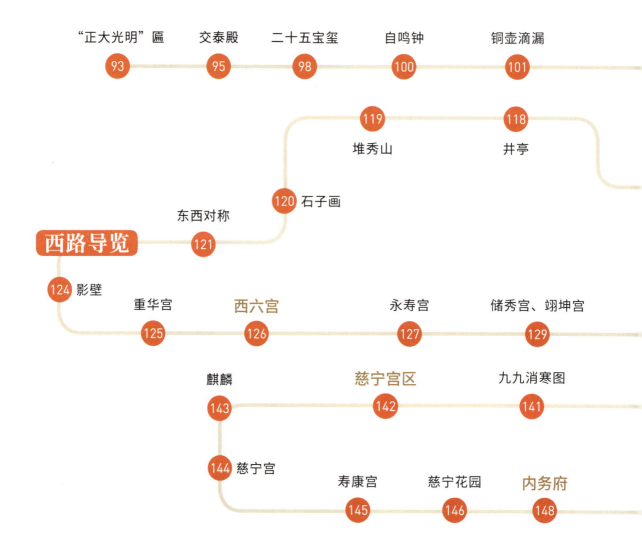

"正大光明"匾 93　　交泰殿 95　　二十五宝玺 98　　自鸣钟 100　　铜壶滴漏 101

堆秀山 119　　井亭 118

石子画 120

东西对称 121

西路导览

影壁 124

重华宫 125　　**西六宫** 126　　永寿宫 127　　储秀宫、翊坤宫 129

麒麟 143　　**慈宁宫区** 142　　九九消寒图 141

慈宁宫 144

寿康宫 145　　慈宁花园 146　　**内务府** 148

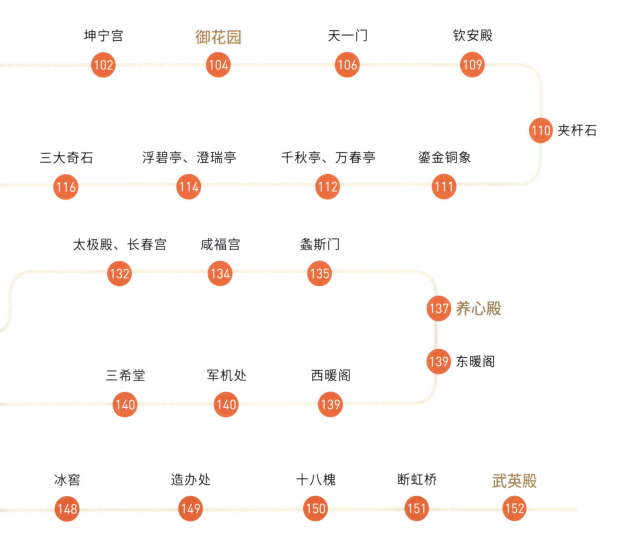

坤宁宫 102

御花园 104

天一门 106

钦安殿 109

110 夹杆石

三大奇石 116

浮碧亭、澄瑞亭 114

千秋亭、万春亭 112

鎏金铜象 111

太极殿、长春宫 132

咸福宫 134

螽斯门 135

137 养心殿

139 东暖阁

三希堂 140

军机处 140

西暖阁 139

冰窖 148

造办处 149

十八槐 150

断虹桥 151

武英殿 152

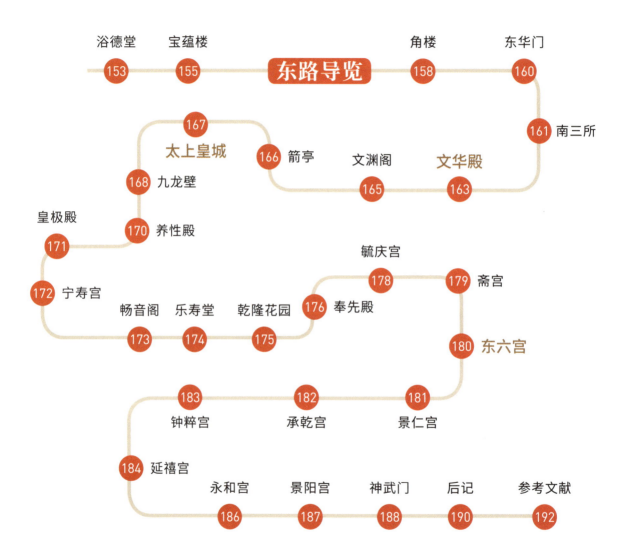

浴德堂 153　宝蕴楼 155　东路导览　角楼 158　东华门 160

南三所 161

太上皇城　167　箭亭 166　文渊阁　文华殿

九龙壁 168　文渊阁 165　文华殿 163

皇极殿　养性殿 170

宁寿宫 172　171

毓庆宫

畅音阁　乐寿堂　乾隆花园　奉先殿 176　178　斋宫 179

173　174　175

东六宫 180

钟粹宫 183　承乾宫 182　景仁宫 181

延禧宫 184

永和宫 186　景阳宫 187　神武门 188　后记 190　参考文献 192

序篇

管窥故宫

相传，北京城又名八臂哪吒城，是按照哪吒的造型建造，用以镇压为祸的恶龙。哪吒的头对应正阳门，八臂对应东西各四门，两个风火轮对应北面的安定、德胜两个门，由此奠定了北京城的雏形。

历史上的北京城，由外城、内城、皇城、宫城组成。宫城即紫禁城，纳于皇城的保护之内。古人把紫微星（即北极星）视为天子之星，将其周边的星群称为"天宫"，是神仙的居所；而紫禁城就是地上的天宫，为皇帝的居所。

明朝第三位皇帝——永乐帝朱棣在继位后的第四年（1406 年）决定迁都，下令举全国之力筹建皇宫

朕要迁都！
朕要盖大皇宫！

⊙ 朱棣

紫禁城，从此进行了大规模的备料和人口迁移。木料采伐自四川、湖北、湖南、浙江和山西，利用江河漂送至北京；铺地的金砖产自苏州；筑墙的澄泥砖产自山东；汉白玉产自北京房山。经过了十年的筹备，方在永乐十五年（1417 年）正式动工，当时参与建造的工匠人数有 23 万之多，民夫人数更是高达 100 多万。前后劳作 4 年，终于在永乐十八年（1420 年）建成了恢宏雄伟的紫禁城。

永乐十九年（1421 年），朱棣正式迁都北京。从此，北京成为明清两代的政治中心，从明朝

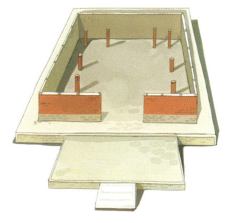

◎ 紫禁城从 1417 年开始正式动工

◎ 1421 年迁都

迁都到清朝终结，这里一共居住过 24 位皇帝。

辛亥革命爆发后，隆裕皇太后颁布退位诏书，年仅六岁的末代皇帝溥仪于 1912 年 2 月退位，紫禁城归为国有；但按照《清室优待条件》，溥仪被允许暂居内廷。1913 年，中华民国临时政府在宫城外朝筹建"古物陈列所"；1914 年，古物陈列所成立，太和殿、中和殿、保和殿、文华殿、武英殿都曾作为文物陈列室。1924 年，冯玉祥发动"北京政变"，将溥仪逐出紫禁城，随后成立"清室善后委员会"，清点查验清宫文物。到了 1925 年 10 月，故宫博物院正式成立，以紫禁城内的宫殿建筑群为院址，其名"故宫"便是意指旧时的宫殿。1947 年，古物陈列所并入故宫博物院，故宫实现了统一管理。新中国成立后，又对故宫进行了大规模的修缮和整理，在 1961 年，国务院将故宫列为第一批全国重点文物保护单位。1987 年，故宫由于"中国古代皇宫的唯一完整实例以及它的世界遗产价值"，被列入世界文化遗产名录，现保存文物 180 多万件。

按《周礼·考工记》中"左祖右社，面朝后市"的营建原则，故宫平面呈四方形，占地 72 万平方米，现有房屋 8000 余间，建筑丰富多样而又和谐统一，可谓集历代宫殿建筑之大成，是中国古代宫殿建筑的典范。紫禁城共有四个门：正门为午门，东门为东华门，西门为西华门，北门为神武门。神武门对面是用土、石筑成的景山，其上树木蓊郁，从整体布局而言，景山形成了故宫建筑群的屏障。

故宫的建筑类型多样，且融合了不同的风格，满眼望去，殿、堂、楼、阁、轩、馆、亭，错落有致，令人沉浸其中，细细品味。

⊙ 端门和午门

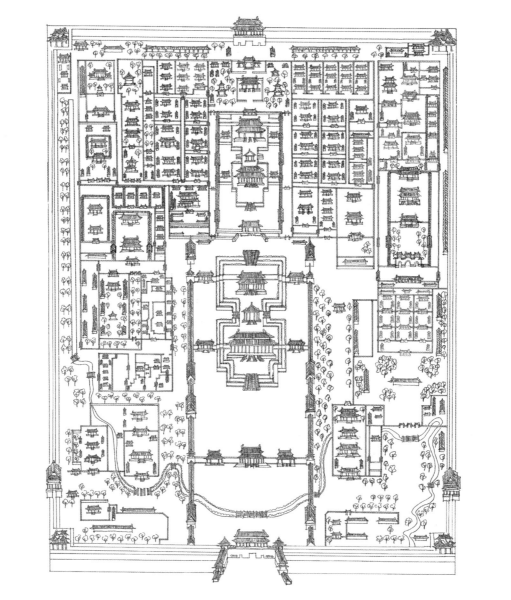

紫禁城四角均建有精巧玲珑的角楼，周围环绕着高 10 米，长 3400 米的宫墙，墙外又环以 52 米宽的护城河。

　　故宫内部的布局以中轴线为中心，左右对称，根据朝政活动和日常起居的需要，可将宫城分为南北两个部分，南为外朝，北为内廷，二者以保和殿后至乾清门之间的横街分隔。外朝的面积约占三分之二，太和、中和、保和三大殿次第立于中轴之上，两侧建筑对称呼应。这些建筑雄伟宏大，主要用于举行重大典礼或处理政务。内廷区域则以帝、后居住的乾清宫、交泰殿、坤宁宫为中心，左右有供嫔妃居住的东、西六宫，乾清宫东北、西北部分别设有皇子们居住的东、西五所，后来迁至宁寿宫南部，称为南三所；故宫的西部区域，明清两代先后建有供皇太后、太皇太后、太妃、太嫔等居住的慈宁宫、寿康宫、寿安宫；东北部则有供太上皇居住的皇极殿、宁寿宫等建筑；花园、戏台、藏书楼等设施分列其中，错落有致。

北京的内外城和皇城

⊙ 内城、外城、皇城

古时候的城市大多呈内城外郭的模式，北京城也是一样，外城拱卫内城，而内城又包围着皇城和宫城。要想进入紫禁城（宫城），便要穿过外城、内城、皇城。

　　明朝永乐年间，北京内城在元大都城的基础上修建而成，城墙四角建有角楼，外有护城河环绕。

　　北京外城的兴建晚于内城。明朝嘉靖年间，为了加强北京城的防卫能力，便按照"城必有廓，城以卫君，廓以卫民"的规制建造了外城。但由于财力不支，原定城周并没有完成，只在内城以南扩展了一片区域，使得整个北京城呈现为"凸"字形。

　　关于北京城的城门，流传着"里九外七皇城四"的说法，也就是说内城、外城和皇城分别有九座、七座和四座城门。

　　内城共有九座城门。居于故宫中轴线上，坐北朝南的高大城门名为正阳门，元代称丽正门，是根据离卦中"日月丽乎天"而得名，老百姓称之为前门。前门往东三里

⊙ 永定门

有一城门，叫作崇文门，元代称为文明门；前门往西，与崇文门遥相对应的是宣武门，元代则称顺承门。在内城的东半部分，靠南边的是朝阳门，元代称齐化门；靠北边的是东直门，元代称崇仁门。西半边的两个城门，与东直门相对的是西直门，元代称和义门；与朝阳门呼应的是阜成门，元代称平则门。在内城的北部还有两个城门，西北方向的是德胜门，东北方向的叫安定门。在清朝，负责这九座城门守卫和门禁的武官，就是我们熟知的"九门提督"。

外城共有七座城门。同样以南北中轴线南端的永定门为分割点，其东有左安门、东便门、广渠门，其西边则分布着右安门、西便门、广安门。

皇城位于内城之中，共四个城门，分别是天安门、地安门、东安门和西安门。而紫禁城又位于皇城中心。外城、内城、皇城与紫禁城共同形成了围合式的城市格局。

⊙ 天坛

⊙ 正阳门

⊙ 西便门、东便门、宣武门、崇文门

⊙ 安定门

天安门

天安门是皇城的正门，也是蜚声国内外的著名地标建筑。

流经天安门前的护城河又叫外金水河，它与流经太和门前的内金水河遥相呼应，二者被统称为金水河。

在明清两朝，凡遇新皇登基、皇帝大婚这样的重大庆典活动，都会在此举行颁诏仪式。先由礼部尚书在太和殿奉接皇帝诏书，随后登上天安门城楼，交由宣诏官宣读，此时文武百官须按等级依次排列于外金水桥之南，面北跪听。宣诏完毕，会将皇帝诏书放入一只木雕金凤的嘴里，用绳顺墙垂下，命礼部官员用朵云盘接住，放入龙亭，抬至礼部，用黄纸誊写，随后送抵各执行部门，向全国颁发，这一整套流程被称为"金凤颁诏"。

1911 年（宣统三年）12 月 25 日，天安门上举行了最后一次"金凤颁诏"，宣读的是末代皇帝溥仪的退位诏书。

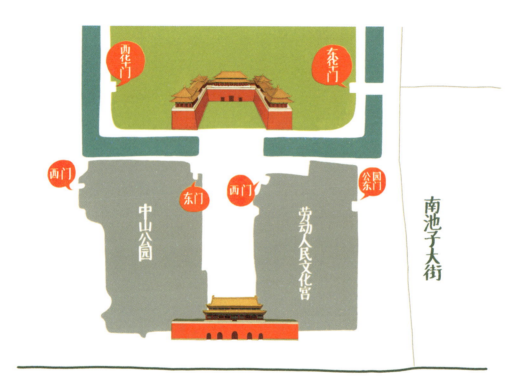

西华门

东华门

西门

东门

西门

公园东门

中山公园

劳动人民文化宫

南池子大街

天安门前后各有一对华表。

华表起源于古代的谤木。相传上古时期，贤明的尧帝曾在庭中设鼓，让百姓们击鼓进谏，又在交通要道旁竖立木牌（谤木），让百姓们在上面写谏言，由此听取建议，通达民意。

后来谤木演变为今天所见的华表，如天安门城楼的内外所竖的那一对华表，便是由汉白玉制成，上有八角云龙纹，直径 0.98 米，高 9.57 米，重 20 多吨。华表上部镶嵌云板，寓意"高与浮云齐"。

华表顶端立有小兽，大家经常叫它"朝天吼"，实际上它的名字不是"吼叫"的"吼"，而应是"犼"，常见于志怪典籍，如袁枚《续齐谐记·犼》中所载，"犼有神通，口吐焰火，能与龙斗，故佛骑以镇压之。"《西游记》中观音菩萨的坐骑被称为"金毛犼"；同样以观世音菩萨为原型，《封神演义》中的慈航道人收服金光仙为坐骑，其原形也是金毛犼。通常认为，犼是守望之兽，将其置于华表顶端，寄托着君王勤政的愿望。

城楼内的华表上，犼面向北方，面对着紫禁城，被称为"望君出"，意思是劝诫皇帝勿要沉迷于宫廷玩乐，并督促皇帝要走出宫城，关心民生。而天安门前华表上的犼则面向南方，叫作"望君归"，呼唤着皇上不要游山玩水，快回到宫内处理政务。

⊙ 朝天吼　　　　　　　　　　　　　　　⊙ 华表

端门

端门，是紫禁城的正门，顾名思义，它在提示前往皇宫的人们，请保持端庄的仪表和肃然的态度。

目前保留下来的端门为康熙六年（1667 年）重建，其建筑风格与天安门相同，故又被称为"重门"。端门的城楼内悬着一口双龙盘钮大钟，重逾 3 吨，每逢皇帝举行大朝会或者出巡、回銮时，便会出现端门敲钟，午门击鼓，钟鼓齐鸣的景象，彰显皇权威仪。

端门北部的甬道两侧，设有明清中央机构六部的朝房。明清时期，上早朝的大臣要在五更（凌晨 3 点～ 5 点）来至宫门前的朝房里等候宫门开启，这叫作"待漏朝房"。"漏"是指古代的计时器滴漏，"待漏"意思是提前到达，等待上朝的时刻。

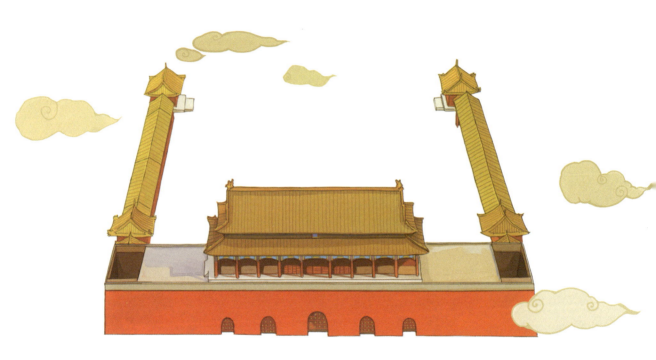

⊙ 端门及朝房

紫禁城是严格按照《周礼·考工记》"左祖右社，前朝后市"的规制建造的，"祖"即指祭祖之处——太庙，"社"则是皇家祭祀土神、谷神之所——社稷坛。

我国地处北半球，房屋多为坐北朝南，因此古代以南为上，左东右西，故而太庙位于紫禁城的左前方，右前方则建造了社稷坛。太庙和社稷坛均建成于明永乐十八年（公元1420年）。

太庙的规格极高，就宫殿本身的高度而言，太庙甚至高于皇帝主理朝政的太和殿，是世界上最大的以金丝楠木为主体的宫殿——殿内68根大柱及主要梁部件全部以金丝楠木制成。金丝楠是中国特有的珍稀木材，品质最佳的金丝楠木产自四川的深山。太庙拥有世界上最粗的金丝楠木柱，不仅如此，太庙还是故宫建筑群六百年唯一没有发生过火灾的大殿，可见其享有崇高的地位，受到严密的保护。

太庙曾经安放过明清两代帝后的神位，每年都要进行几十种祭祀。每遇国家大事如登基、大婚、册立皇后等，皇帝都要入太庙告祭祖先。

太庙大殿的两侧墙壁上可以看到精美的砖雕，均为透雕工艺，它们有着特殊的作用。古代的宫殿都以木柱支撑，为了延长这些木柱的寿命，工匠们除了严格按照工序对这些柱子进行防腐

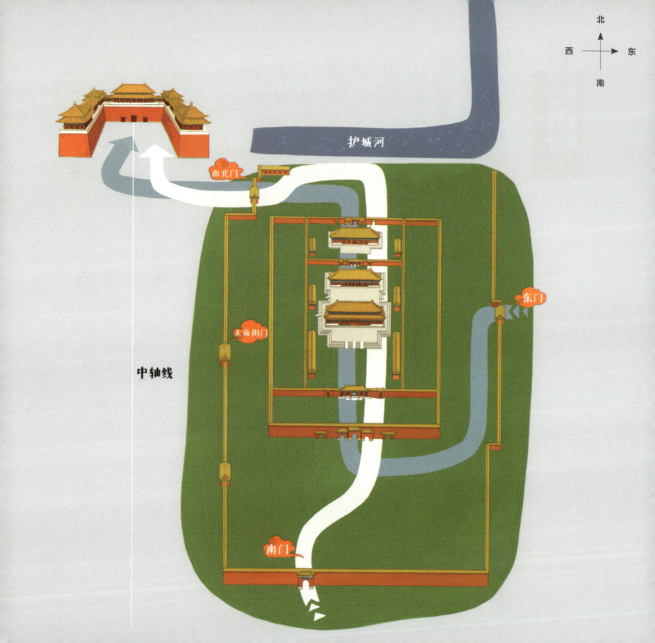

北

西 ← → 东

南

护城河

西北门

东门

太庙街门

中轴线

南门

防蛀处理之外，还要让每一根柱子都立于柱础之上，从而隔绝潮湿的地气。对于包裹在墙里的柱子，也要用板瓦围出一片空间，使柱子不与墙体接触，再在下方的位置安放透雕的砖块，使空气流通，从而避免柱子受潮，而这些"透风"砖，因其精美趣致的图案，又成了建筑的美丽装饰。

太庙建筑群于 1924 年被改为和平公园，1950 年更名为劳动人民文化宫。平日里，参观太庙的人很少，我们可以将太庙作为参观的起点，再经由西门直接抵达午门，开始游览故宫。

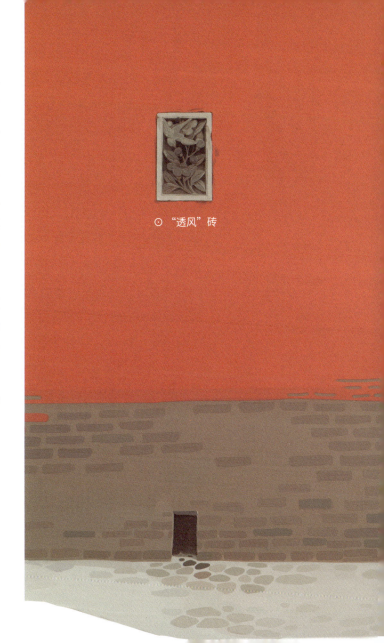

⊙ "透风"砖

天安门西侧是社稷坛，和东侧的太庙遥相呼应。

社和稷代表了中国古代神话中很重要的两位神仙：太社之神"句龙"，专司土地；太稷之神"弃"，主管谷物。

稷为五谷之一，"谷"原指有壳的粮食，五谷即中国古代常见的五种谷物，后泛指粮食类作物。五谷分别是指稻（大米）、黍（黄米）、稷（小米）、麦（小麦）、菽（大豆），五行分属金、木、土、火、水。从古至今，土地和粮食都是养育人民的根本，也是一个国家建立和发展的基石。于是，"社稷"在历史中慢慢演变成了国家的同义词。

社稷坛为汉白玉砌成的三层高台，反映了"天圆地方"的理念，最上层铺着五色土，取自皇朝各地，代表四方纳贡。从今天的行政区划来看，黄色土取自河南；红色土来自浙江、福建、两广地区；白色土取自江西、湖广、陕西；青色土取自山东；黑色土则直接从北京取得。五种颜色的土，铺洒在社稷坛上，象征"普天之下，莫非王土"，代表海内一统的宏愿。

每年春秋两季的祭祀之前，社稷坛坛面上的土会重新更换，这个传统一直延续到今天。

社稷坛在 1914 年改为中央公园，1928 年更名为中山公园。

想要游览故宫，也可以从中山公园的西门或南门进入，参观完社稷坛后，经由东门再至午门。

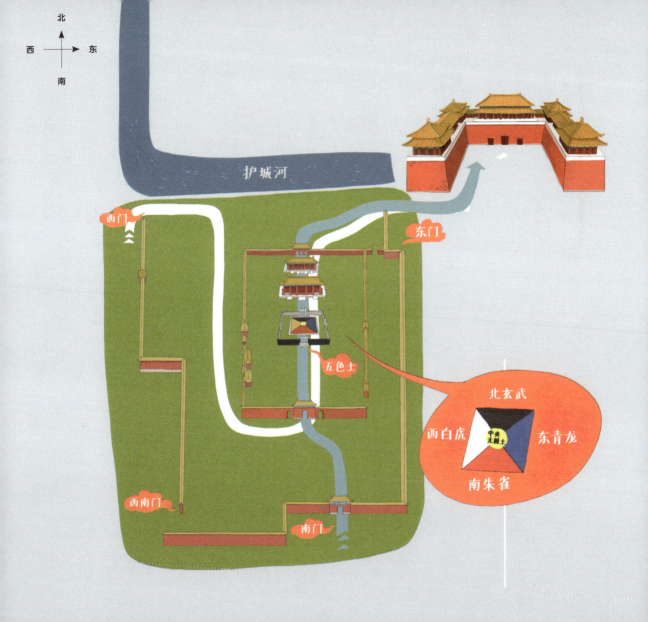

北

西 ← → 东

南

护城河

西门

东门

五色土

西南门

南门

北玄武

西白虎　中央无极土　东青龙

南朱雀

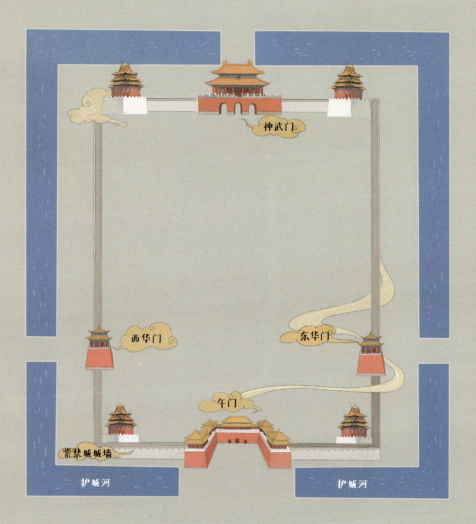

神武门

西华门

东华门

午门

紫禁城城墙

护城河

护城河

护城河

行至午门，向东可以看到护城河。护城河又称筒子河，是紫禁城的外围屏障之一，其源头在京西玉泉山，引出的水流经积水潭、后海、什刹海、北海，汇入濠涧，再向东经景山西墙下流入紫禁城西北角，进入护城河。

当年挖掘护城河形成的大量土方被运至宫城北侧，堆砌成山，也就是今天的景山，默默守护着紫禁城。景山曾作为两代皇家御苑，有五座山峰，主峰高 43 米，乾隆十六年（1751 年），又于五峰之上添建五亭。

紫禁城城墙截面呈梯形，宽度可供六匹马并排行走。城墙内部用夯土垫实，外用特制的城砖包砌，每块砖长 48 厘米、宽 24 厘米、高 12 厘米，重 24 千克，一共使用了约 1200 万块砖。

自紫禁城建成时起，城墙上就驻扎着护军。清朝时，每面城墙上都设有十几个哨所，配备大炮。城墙与城门、角楼、护城河相连，形成了一个完整的防御体系。

夯土垫实

◎ 城墙剖面图

中路导览

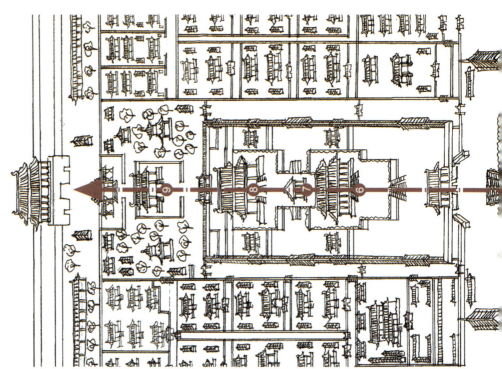

1 午门　2 太和门　3 太和殿　4 中和殿　5 保和殿

6 乾清宫　7 交泰殿　8 坤宁宫　9 钦安殿

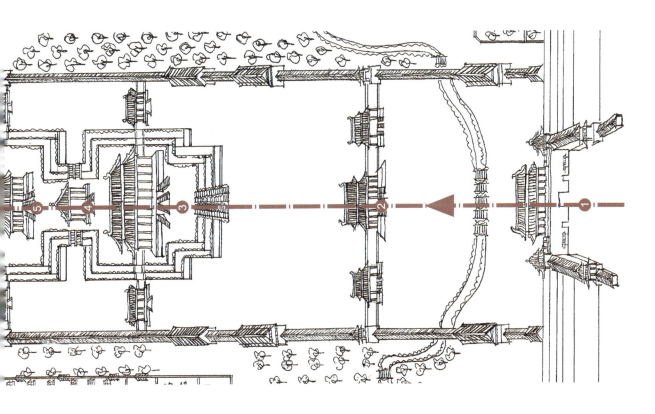

午门

午门是紫禁城的正门，也是如今故宫博物院的正门。只要从南面进入故宫，无论走哪条路线，都要先到达此处。午门始建于明朝永乐十八年（1420年），后进行过多次重修。

"午门"的"午"取自十二地支，代表正南方，五行属火。午门居于紫禁城的正南方位，外墙和大门皆施以艳丽的红色。红象征着火，是旺盛之象，五行中由火生土，而土所代表的黄色正是皇家的专用颜色。

《周礼》中记载，皇宫的正门叫作"雉门"。雉，又名朱雀，是古代传说中一种火红的神鸟。"青龙、白虎、朱雀、玄武"是上古四神兽，居于不同的方位，护佑四方平安。午门呈"凹"字形，东西北三面城台相连，环抱一个方形广场，北面城台上是门楼正殿，东西各有庑房十三间，高低错落，左右翼然，形如大鸟展翅，因此被称为"雁翅楼"。东西雁翅楼的南北两端，又各有一座重檐攒尖顶阙亭，与正殿形成五峰突起之势，似凤凰展翅，便又称其为"五凤楼"。

午门是紫禁城中最高的一座建筑，门楼连城台通高37.95米，正中的门楼叫作崇楼，为重檐庑殿顶（五脊四坡面），这是最高级的屋顶形制，其面阔九间，进深五间，符合九五之数。"九"是传统文化理念中的阳数之极，"五"居阳数之中（王者之数），

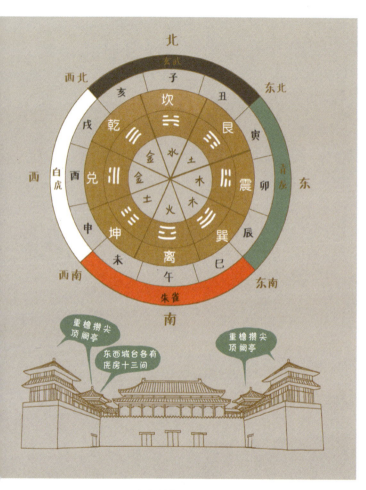

北

西北   玄武

亥 子 丑 东北

戌 乾 坎 艮 寅 青龙

西 白虎 兑 金 水 土 震 东

申 坤 金 土 木 卯

未 坤 火 木 巽 辰

西南 午 离 巳

朱雀 东南

南

重檐攒尖
顶阙亭

东西城台各有
庑房十三间

重檐攒尖
顶阙亭

⊙ 午门结构及十二地支

应和了《易经》乾卦中的"九五，飞龙在天，利见大人"之象，寓意为九五之尊。

从功用上看，午门是皇帝发布诏书，举行"颁朔"典礼以及受降献俘仪式的地方。"颁朔"的意思是皇帝每年须颁布次年的历书，受降献俘仪式则是在征战胜利，大军凯旋之时举行的礼节仪式，在清朝国力强盛的时期，乾隆皇帝曾四次登楼观礼。

据说为了对应天上的北斗七星，紫禁城也设置了七枚宝珠，按照方位分别置于午门（四颗）、中和殿、交泰殿和钦安殿的宝顶之上，有拱卫帝王之意。

站在午门外由南向北看，午门只有三个门洞，但穿过午门进入太和门广场后，再回头看午门，却可以看到五个门洞。原来在午门东、西雁翅楼的下方，分别还有两个掖门，面向东、西，向北拐到城台后方，就像两道暗门。于是，便有了"明三暗五"的说法。

明清时期，百官上朝，每天寅时（3 点～5 点）左右便要到午门前等候。开门后，文武百官走东偏门，宗室王公走西偏门。两侧掖门的门钉各 72 颗，在数目和等级上均低于正中的三座门，因此这二门平时紧闭，只在举行朝会时供文（左）武（右）官员进出，或殿试放榜时按名次的单（左）、双（右）数供进士们通行。

午门正面

午门背面

⊙ 明三暗五

　　进入午门之前，站在南面向北望，其门洞是方形的，而穿过之后，由北向南望，门洞上部又成了圆拱形。这种南门方、北门圆的安排，取自"天圆地方"的认知。古人认为"民从地、君从天"，进入紫禁城意味着由地到天的转变。

　　其实所有的门洞都是拱券门，只不过在南侧专门加了横梁，将门洞封成了长方形，这既是为了美观，也是为了让大门闭合得更为严密。

⊙ 乾隆通宝

⊙ 天圆地方

御道

　　紫禁城中轴线上位于正中间的所有道路，都叫作御道，专供皇帝出行。除了皇帝，有一个人一生能经由御道进入皇宫一次，有三个人能从这里出宫一次。进入的人是皇后，皇帝大婚当日，皇后的轿辇可以沿着御道穿过午门入宫。出来的人是每届殿试的一甲三人——状元、榜眼和探花，在接受皇帝的接见后便可经御道走出皇宫，喻意肩负皇帝的重托，用学识实现自己的满腔抱负和令国家兴旺的理想。

　　无论通过哪一处大门走进故宫，都会第一时间注意到朱红门扇上镶嵌着饱满厚重的铜铸鎏金门钉。那一排排金色的门钉庄重大气，体现了皇权的至高无上。

　　据说，早在隋唐时期，古人就开始使用门钉。最初是出于建造的需要，为了防止门板松散掉落，便在大门门板和穿带部位钉上铁钉，但钉帽外露有碍观瞻，于是将钉帽打造成泡头的形状，从此门钉具备了装饰功能。随着门钉形态的不断演变，渐渐开始体现出等级的差异。清代朝廷对门钉的数量与等级有着严格的规定，皇家建筑的门钉可以纵九横九；亲王家的门钉为纵九横七；郡王、贝勒、贝子等府第则纵横均为七；侯以下至男按爵位递减至五五。门钉虽小，但规矩事大，若然滥用，乱了章法，便会惹来杀身之祸。

　　作为明清两代皇宫的紫禁城，按理说每扇门的门钉都应为纵九横九，但东华门及午门处的两个掖门，却是纵九横八，共七十二颗门钉。这种现象的具体原因众说纷纭，据传似与古代的堪舆理论有关。

铺首

在午门的朱红门扇上，除了金灿灿的门钉，中间还有一个兽面模样的装饰物，叫作"铺首"。铺首的兽面纹路代表的是龙九子之一的椒图，传说椒图形似螺蚌，当遇到外敌侵犯时，便会将壳口紧闭。选择椒图的形象制作铺首，是为取其"紧闭"之意，椒图面目狰狞，又性好僻静、忠于职守，可以看守门户、镇辟邪妖，保家宅安宁。

铺首自古就有，原为门环的底座，大多中间装有一铁环，作拉门与扣门之用。铺首多以金属制作，以金为之称金铺；以银为之称银铺；以铜为之则称铜铺。但故宫许多大门的铺首并不衔环，只起装饰作用。

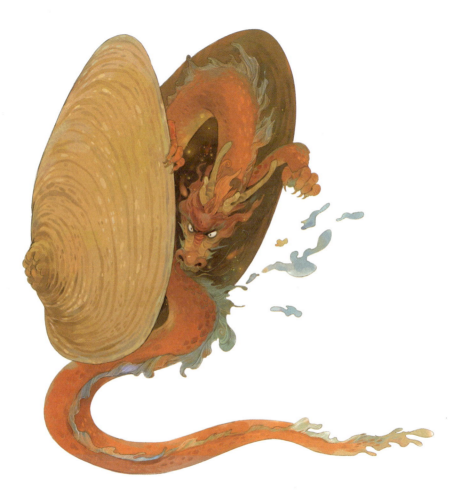

⊙ 椒图

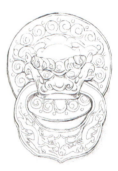

⊙ 铺首

太和门广场

穿过午门，就到了太和门广场。太和门广场是全世界最大的建筑物内部广场，面积达两万六千平方米，在其中央，由巨石铺成御道，御道两旁铺设地砖。

广场东庑中部，是通向皇宫东区的协和门，明朝的内阁就设在东区；广场西庑中部，是通向皇宫西区的熙和门。

每年皇帝的生日、元旦、冬至这三天，都会在太和门广场上举行盛大的仪式。

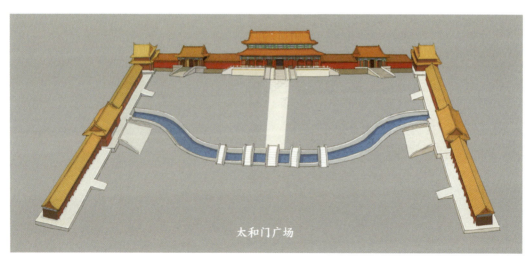

太和门广场

内金水河

太和门前的金水河被称为内金水河，与天安门前的外金水河对应。护城河（筒子河）经由城墙西北角，钻过涵洞进入城中，然后游走穿行于紫禁城，一直到城东南角再流出，重新汇入筒子河，在紫禁城中的这段河道，便是内金水河。

西方属金，金生丽水，金水河的名字由此而来。按中国的阴阳八卦学说，西北为乾卦，属天门，东南为巽卦，属地户，乾位入巽位出，象征着天地相通。古时帝王崇尚玄武大帝，而玄武是一种龟蛇同体的神兽，紫禁城北面的景山就像一只神龟，内金水河就像一条神蛇，二者组合正如玄武大帝的化身，护佑着紫禁城。内金水河从东南方流出紫禁城，若站在东南角楼向下观察水流出口处的岸墙，或能看到明显的蛇头形状。

内金水河将太和门广场一分为二，由五座石桥相连。内金水河的河道弯曲，形如一把拉满的弓，而河上的五座石桥就像搭在弓上的五支箭，象征着皇帝治理天下所用的儒家"五常"——仁、义、礼、智、信。五座金水桥中，位于中央的御道桥是皇帝的专用通道；御道桥的左右两侧是王公桥，供皇亲国戚行走；两边最外侧的品级桥是大臣们行走的通道。

内金水河的功能与其象征意义同样重要，它在防火、防涝、日常用水、运输等方面均发挥了很大作用。紫禁城地势北高南低，各宫院的明渠暗道都与内金水河相连，若遇暴雨，水流便汇集到内金水河中，因此故宫中鲜少出现严重积水的情形。紫禁城的宫殿又多为木结构建筑，最怕起火，内金水河能起到重要的防火救火作用。

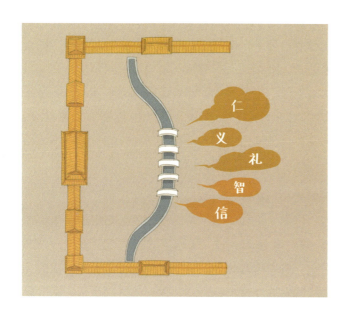

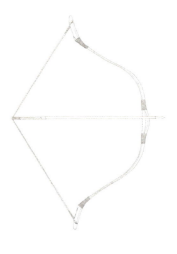

故宫主要宫殿的台基或石桥上，均安有汉白玉制作而成的栏杆和望柱。望柱即石栏中间起支撑作用的石柱，分柱头和柱身两部分。柱头装饰丰富，多雕以龙凤祥云，或是花草、动物、几何等纹样，例如建于元代的断虹桥，桥栏上的望柱头雕有姿态各异的小狮子，极为生动有趣。

御道上的望柱柱头均雕刻着云龙纹，而太和门两侧的协和门、熙和门则使用火炬形柱头，每个柱头上刻有 24 道弦纹，所

⊙ 龙纹望柱

以也叫作二十四节气柱头，它们所代表的等级略低于云龙纹柱头。有一种柱头上面被打出圆孔，内部掏空，侧向有小孔相连，最里边是一颗连珠石球。这种柱头被称为"石别拉"，又叫"石海哨"，是古代宫廷专用的一种报警器。使用时，侍卫将一支特制的牛角形小铜管插入孔中，用力一吹，就会发出海螺般的呜呜声，且声音响亮，能飞快地传遍四方。这些巧妙利用柱头制作的石别拉虽不起眼，但遍布各处，构成了故宫内的警报网络。

石柱中空，可以发出哨声

铜狮

过了金水桥，就能看见太和门前的那对铜狮，它们的体积和重量可谓世间罕见。铜狮本身通高达到 3 米，而它又被安放在精雕细琢的汉白玉基座之上，石座高 1.32 米，则总高度达到了 4.32 米，威压十足。这对铜狮头上各有 45 个发髻，是五、九相乘，象征着九五至尊。位于东侧的是雄狮，脚踩绣球，意为掌握社稷；西边的是雌狮，抚摸幼狮，寓意子嗣昌隆。

这对铜狮为明朝铸造，清朝晚期才在铜座下面增加了石座，底座是方形，而铜狮的头和身体都是圆的，这是天圆地方思想的又一次体现。

紫禁城内共有六对铜狮，其中体量最大的就是太和门前的这对，除了它们，在乾清门、养心门、宁寿门、养性门和长春宫前，都设有一对形态各异的铜狮，其中体量最小的就设在慈禧太后住过的长春宫前。

⊙ 太和门铜狮

铜狮东面不远处，有一个带底座的石亭子，而铜狮的西边则有一个带盖的石盒子，这两个物件叫作什么？有什么作用？

有一种传说是这样的，一亭一盒，代表着一册一宝，册就是玉册，宝就是玉玺，代表着皇权正统。在清代，册封王位的金宝和金册都需一左一右地陈列在设有宝座屏风的王府正殿中。

每次看到这一亭一盒，我就会联想到"和"字。只要穿过太和门，随后遇见的就是"太和""中和""保和"这三个与"和"字相关的宫殿。

+ =

⊙ 石亭加石匣等于"和"

太和门

通过了太和门广场，便可穿行太和门。太和门是外朝宫殿的正门，也是紫禁城内最大的一座宫门。太和门面阔九间、进深四间，建筑面积约 1300 平方米，上有覆重檐歇山顶，下为汉白玉基台，梁上枋间均施以和玺彩画。

据文献记载，光绪十四年（1888 年）十二月十五日，距离光绪皇帝大婚的日子（光绪十五年正月二十七日）不到五十天，贞度门突然失火，这场大火殃及了太和门与昭德门，两日后，太和三门尽被烧毁。慈禧太后为此心焦不已，皇帝大婚的吉日已定，绝不能更改，可是皇后的婚轿也必须经由五正门——大清门、天安门、端门、午门、太和门的中门，抬进紫禁城，如今太和门被毁，若是改道，岂不乱了祖宗的礼法？时间紧迫，重建已经来不及了，只好紧急召集一批技艺高超的棚匠，用竹篙、苇席、绸布等材料扎起一座太和门彩棚立于原址，这才令婚礼顺利完成。光绪皇帝大婚结束后，钦天监选定吉日，动工重修太和门，历经五年方才竣工，由此太和门也就成了故宫里较为年轻的建筑。

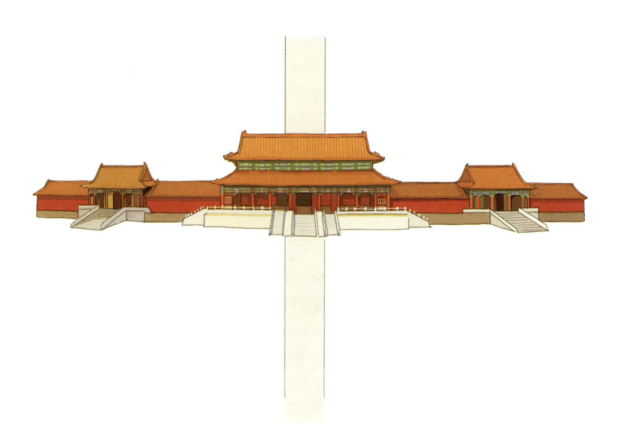

御门听政

　　御门听政是皇帝处理政务的一种形式，因设在清晨之时，故而又称为早朝，是指皇帝亲自接受文武官员朝拜，并处理政事的一套流程。明清两代御门听政的地点有所不同，明代皇帝在皇极门（即今天的太和门）举行听政，而清代自康熙皇帝以后，御门听政的地点改到了乾清门，后来又改在养心殿听政。

　　御门听政的时候，门内会摆上宝座屏风和黄案，黄案左前方铺设毡垫，供跪奏者使用。听政时，皇帝坐在案后，听大臣们奏事或下达谕旨。上朝的次数由皇帝决定，因此与皇帝的勤怠程度直接相关，据说康熙皇帝最是勤政，几乎每天都要御门听政。当然，皇帝越勤快，大臣们就越辛苦，因为早朝时间设在清晨，大臣们必须半夜起床，先行至午门外等候。

三台中央土

出了太和门继续向北，即将见到坐落于中轴线上的三大殿。这三座雄伟的宫殿依次建在八米高的三层须弥座高台之上，高台呈"土"字结构，土在五行之中位居中央，象征君王。高台分三层，俗称"三台"，每一层都围着汉白玉栏杆，栏杆由玉石望柱（1453根）、栏板（1414块）以及望柱下伸出的1142个石雕螭首组成，精致的石刻艺术烘托出三大殿雍容华贵的气派，有序的层层排列也更加凸显了皇权威仪。

须弥座源自印度，原指供奉佛像的基座，后来用于指代建筑物的底座。其形制上下鼓凸，中间束腰，用莲花瓣等花纹装饰。在印度神话中，须弥山是世界的中心，另有传说它得名于喜马拉雅山的音译，意为佛法无边。随着佛教的传入，中国古代有许多重大宫殿的台基都采用须弥座的形制。

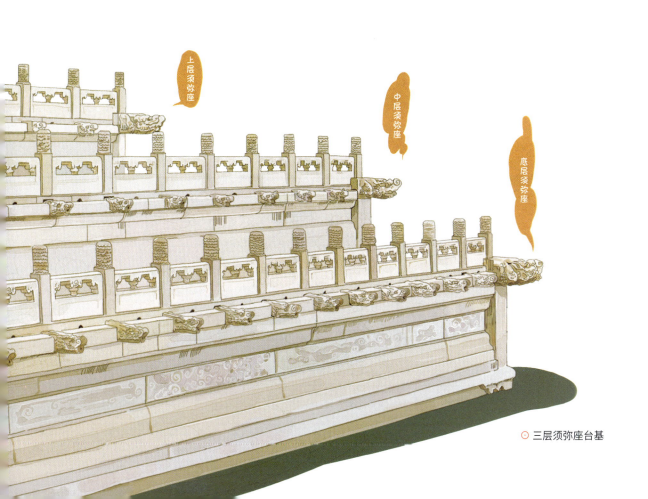

上层须弥座

中层须弥座

底层须弥座

◎ 三层须弥座台基

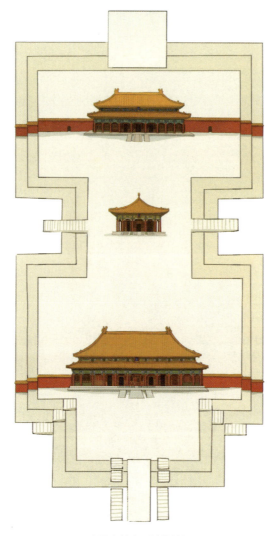

⊙ 三大殿台基土形结构俯视图

螭首

三台汉白玉栏杆的每根望柱下方，都有一个石雕兽头伸出，吻部有一圆孔，内部中空，可作为排水口使用。这个兽头就是"螭首"，螭是传说中一种无角的龙，《说文·虫部》记载，"螭，若龙而黄"，它是龙九子之一，嘴很大，肚里能装大量水。因此螭首的造型为兽口张开，上唇高抬，眼珠突出，额顶凸起，整体造型生动，充满活力。故宫三大殿高台上的螭首共有 1142 个，位于高台转角处的螭首体形较大，而排列在四边的略小。

每逢下雨，落在台上的雨水便会从螭首口中汇聚流出，形成一股股水柱，逐层而下，形成"大雨如练、小雨如柱、千龙吐水"的奇观，最后落入地面的导流系统被迅速排走，从而确保三大殿无水淹之患。

⊙ 螭首和螭首原型

⊙ 千龙吐水

外朝三大殿是皇帝行使权力或举行国家仪式的地方。明永乐十九年（1421年）四月，刚刚建成并使用了三个月的三大殿遭雷火焚毁，此后，至明正统五年（1440年）二月才开始重建，次年九月完工。

明嘉靖三十六年（1557年）四月，三大殿再次遭到雷击起火，又一次进行重建，耗时五年多，直到明嘉靖四十一年（1562年）才完成，并将"奉天殿"更名为"皇极殿"，"华盖殿"改为"中极殿"，"谨身殿"改为"建极殿"。极，本义是房屋的正梁，即屋内正中最高处的木构件，可引申出"中正之道"。嘉靖帝朱厚熜用这三个"极"字，标榜自己的统治符合中正之道。

1644年，顺治帝成为紫禁城的新主人。他掌政之初，天下尚未安定，最迫切的愿望就是"和"。第二年，三大殿的重修工程结束，又重新命名为：太和殿、中和殿、保和殿，匾额题字使用了满汉双语。

1915年，袁世凯称帝，下令将牌匾上的满文抠除，把汉文移到了正中间。到如今，故宫外朝大殿的牌匾上均只剩下汉字，只有后宫还保留着一些使用满汉两种文字的牌匾。

太和殿前的丹墀上，排列着许多物品，都有讲究。其中东边的日晷和西边的嘉量为乾隆九年（1744年）所增设，日晷可以测定时间，象征着授时；嘉量代表计量标准，意为向全国推行统一度量衡。

日晷是中国古代利用日影来测定时辰的工具，上面的刻度按照十二地支，从子到亥均匀分布，表示十二个时辰。每年春分到秋分的半年间，太阳直射点位于北半球，晷针的影子便投在晷盘的正面；从秋分至第二年春分，太阳直射点位于南半球，便要根据晷针投在晷盘背面的影子读取刻度。当然，日晷是极其古老的计时工具，在历史中逐渐被其他计时器取代，在清代基本只作为装饰性的艺术品存在，发挥其象征作用。

嘉量，中国古代的标准量器，全套包含五个容量单位。置于太和殿前的嘉量为铜制，上面是斛，下面是斗，左耳为升，右耳为合、龠。

统一度量衡对国家的治理是

⊙ 太和殿日晷

⊙ 嘉量

非常重要的，秦始皇的历史贡献之一就是统一了六国的度量衡。西汉末年，王莽建立新莽政权后，曾下令用青铜制作一件含有五种容积单位的容器，作为全国统一的容积标准器，被称为"新莽嘉量"。这件嘉量于乾隆初年被进献入宫，乾隆帝信为天意，便命人以此为据，参照宫中原有的唐太宗时期嘉量的形制，打造了几件"乾隆嘉量"，分别安放在重要宫殿之前。新莽嘉量是圆形的，唐太宗嘉量是方形的，乾隆嘉量则有方有圆。现今午门外和太和殿前都放置有方形嘉量，乾清宫前的则是圆形。此外，皇极殿前原有一个嘉量，现已不存，仅余石亭，但从亭中留下的痕迹判断，应该也是圆形的。在这些场所摆放嘉量，都为了昭示四海之内度量一统，象征着政权统一。

　　日晷和嘉量附近，还有铜龟、铜鹤各一对。中国人讲究陈列器物的寓意吉祥，龟、鹤都是仙灵之物，寿命绵长，既可象征皇朝的长盛不衰，也可称颂皇帝万寿无疆，因此在紫禁城内摆放众多，处处可见。

　　同时，它们也是具有实用价值的香炉。

　　在故宫中游览，我们经常会看到大大小小的铜缸或铁缸，它们被称为"太平缸"，也叫作"门海"，主要功能是储水防火。冬季，缸体外部会被裹上棉套，缸上加盖，气温太低时，缸下还要烧炭加热，以防缸内的水冻结成冰。

　　故宫中现存最古老的太平缸位于贞度门前，上面的题记标明，铸造于明弘治四年（1491 年），至今已经超过五百岁了。明代铸造的缸会在两耳上加设铁环，造型古朴大方，而清代的缸两耳上则是兽面铜环，缸腹大而中收，特征十分明显。

　　紫禁城中共有此类太平缸 300 多口，其中鎏金铜缸一共 22 口，主要陈设在太和殿、保和殿和乾清门等处，除了乾清宫前的四只大缸为明代所铸，其余十八只均为乾隆年间铸造。太和殿的月台两端各有两口鎏金铜缸，清末八国联军闯入时，曾用军刀刮削鎏金，痕迹至今依然清晰可见。若靠近细看，缸身面上还有许多大小不一的小方块儿，有人猜测这是在水缸破损处做的修补，其实不然，这些方块叫作垫片，在铸造时使用，随即留下了痕迹。

太和殿

　　三台上的第一座大殿名为"太和殿"，俗称"金銮殿"，明初称为"奉天殿"，嘉靖年间又改称"皇极殿"，到了清顺治二年（1645年）才改为今日所称的太和殿。太和殿可谓紫禁城中最重要的建筑，其建造规模、装饰等级极为讲究，堪列中国古代建筑之首。此殿主要用于举行宫廷中最为重要的典礼，例如皇帝登基、万寿（生日）、册封皇后等。

　　太和殿曾是紫禁城中体量最大、等级最高的古建筑，原为九五制式，即面阔九间，纵深五间，长三十丈，深十五丈，用现在的计量单位表达，即面阔达95米多，进深近48米。在历史上，三大殿曾多次遭遇火灾，也不断被重建，现在人们看到的这座太和殿，修建于康熙年间，2006年至2008年还经历过大修，所以我们今日所见，主要是康熙时代的建筑形制，长十八丈五尺，宽十丈一尺，即长近64米、宽近37米，面积几乎缩小了一半，其面阔尚不及明代保存至今的太庙大殿（面阔68.20米）。

⊙ 太和殿全景

琉璃瓦

太和殿的屋顶覆盖琉璃瓦，以黄色为主，在五行中，黄色属土，位居中央。帝王居天下之中，因此尊崇黄色，紫禁城绝大多数屋顶用瓦为黄色。琉璃瓦的工艺流程需先用陶土烧制成瓦片，然后在成型的瓦片上涂抹釉料，再次入窑烧制，最终的成品色泽光鲜，如同琉璃。在釉彩中加入不同的金属氧化物，还可以控制颜色，做成多种颜色的琉璃瓦。

当然，故宫里不是所有的建筑屋顶都使用黄色琉璃瓦，例如神武门内的东西大房，其屋顶是黑色的，用的是黑色琉璃瓦，南三所则用绿色琉璃瓦。可以用五行理论来解释，五行对应着五种颜色，五个方位，神武门位于北面，北方属水，主黑；而南三所位于东部，属木，主青，主生，又是年幼的皇子皇孙学习成长的地方，所以使用绿色的屋顶。

斗拱

斗拱是中国古代建筑中特有的一种结构，位于柱与梁之间，起到承上启下、传递荷载的作用。通过它，可以把屋面和上层构架的重量传递给柱子，由柱子导向地基，使得建筑稳固抗震，即便把所有的墙都拆除，仅仅依靠斗拱连接柱与梁枋，建筑主体还是可以安安稳稳地立在那里。

斗拱采用榫卯结构，样式丰富精巧，可以作为建筑装饰的一部分，彰显木构建筑的辉煌美感。斗拱的数量也成为了建筑等级的标志，斗拱层数越多，建筑等级越高。

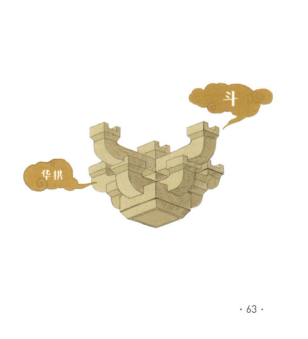

　　架在柱子上方的水平横木构成了屋顶的支撑结构，平行于进深方向排列的称为"梁"，与梁水平垂直的则称为"枋"，连接房屋前后檐柱的横木则称为"额枋"，大型宫殿中常常会设置两层额枋。

　　在梁、枋与柱子的交接处，有一个起承接和减力作用的构件，它也可以防止横竖构材之间发生角度倾斜，其名为"雀替"。雀替的形态有很多种，除了实用效果外也具备装饰作用，其装饰纹样丰富多彩，极富趣味性。

斗拱

梁

大额枋

小额枋

雀替

脊兽是指安装在古建筑屋脊上的一系列神兽造型，一般在正脊上安放吻兽或望兽，垂脊上安放垂兽，屋脊边缘处安放仙人走兽。脊兽大都由琉璃制成，可以保护、固定和支撑屋脊连接处的木栓或铁钉，防止漏水生锈。后来随着历史发展，脊兽的种类和数量逐渐形成等级规制，兼具装饰功能。

古建筑上常见的脊兽数量有三、五、七、九个。

太和殿的双层屋顶（也叫作重檐）共有八个巨大的垂檐，每个垂檐上放置了一位仙人，外加十只垂脊兽坐守，从前往后依次是龙、凤、狮子、天马、海马、狎鱼、狻猊、獬豸、斗牛、行什。这种使用十个脊兽的情况在中国古代宫殿建筑中仅见于太和殿，因此可以说太和殿是现存的中国古建筑中等级最高的，共有八条垂脊、八位仙人、八十只垂脊兽，足以证明太和殿的至尊地位。

正脊兽——螭吻

太和殿顶部正脊两端，各有一个龙头，张开大嘴吞咬殿梁，尾巴向上卷起。这个造型的动物叫作螭吻，是龙九子中的老幺，其本体是一条没有角的龙，传说它好张望，喜欢咬东西，肚里能容纳很多水，需要时便会喷出，因此人们把它安放在屋顶上，一来可以守望家园，辟邪驱祟，二来能保护木结构建筑免受火灾。为防止神兽脱逃，还在它背上插了一把剑，外加两条金链，把螭吻牢牢锁在梁上。

据古籍记载，紫禁城在明朝共遭受过 13 起雷击，其中有 6 次击中了宫殿屋顶的螭吻，导致螭吻受损，可是宫殿本体却安然无恙，或许传说中螭吻"镇火"的本领，真能起到保护宫殿的作用。

2006 年至 2008 年，太和殿大修，螭吻首次被拆下，距离它第一次站上屋脊已过去了 300 多年。

骑凤仙人

人们通常将立在垂脊上的仙人称为真人，它代表了古人成仙飞升的梦想。据说这个仙人塑像是齐湣王的化身，他曾因作战失败，走投无路，被飞来的凤凰所救。古人笃信，把仙人形象安放于屋脊会带来好运。

垂脊兽——龙

排在第一位的龙，代表帝王，地位崇高，无所不能。

垂脊兽—凤

排在第二位的凤，是百鸟之王，象征祥瑞，寓意天下太平。

垂脊兽—狮子

排在第三位的狮子，是万兽之王，勇猛威严，在佛教中是威武的护法神。

垂脊兽—天马

排在第四位的天马，传说肋生双翼，可日行千里，追风逐日。

垂脊兽—海马

排在第五位的海马，忠勇智慧，有通天入海的本领，寓意着携威德以畅行大海。

垂脊兽—狎鱼

排在第六位的狎鱼，是海中异兽，可以兴风作雨，灭火防灾。

垂脊兽—狻猊

排在第七位的狻猊，为龙九子之一，面貌狰狞，身似雄狮，可镇宅保平安。

⊙ 狻猊

垂脊兽——獬豸

排在第八位的獬豸，顶生独角，其脚爪与狮子相似，据传可辨忠奸，是公正律法的化身。

排在第九位的斗牛，相传是海中的一种无角虬龙，可以消灾灭祸，逢凶化吉。

故宫建筑的垂脊上，大都会安置一个龙形长角的兽头，位于蹲兽之后，造型是一个双角龙头，两角呈弧形弯曲。在它下方装有铁钉，用于防止垂脊上的琉璃瓦发生滑落。

排在第十位的行什为带翅神猴，手持金刚宝杵，坐镇脊尾，因其排行第十，故名行什，据传是雷震子的化身。古代的木构建筑一旦遭遇雷击，很容易起火，因此设置行什，也有防雷的寓意。

在古建筑中，天花是指遮蔽建筑内顶部的构件，而呈现穹隆状的天花被称为"藻井"，大多用于宫殿、寺庙中的宝座或神像上方。藻井的结构复杂，工艺考究，多饰以雕刻、彩画，是古代建筑技艺和雕刻、绘画等艺术形式高度结合的成果。藻井可分为方形、圆形、多边形等形状，均由细密的斗拱承托，呈现伞盖一般的形态，象征着崇高的天盖，中央的图案多为云龙、莲花。

太和殿金座的上方，藻井如穹隆伞盖，中间呈八角形，正中雕有盘卧的巨龙，龙头下探，口衔宝珠，其中一颗正对着御座，人们称其为"轩辕镜"。此藻井可分为上中下三层，下部为方井，中部为八角井，上部为圆井，顶部的中央有一块圆形盖板，被称为"明镜"。

太和殿的中心位置立着6根贴金盘龙柱，每根金柱高12.7米，直径1.06米。上面的6条蟠龙似在海水江崖纹上方腾云驾雾，东边的柱子上龙头向西方仰望，西边的则向东方仰望，仿佛与藻井中的金龙相互呼应，浑然一体。这6根金柱，恰似乾卦图形的6根阳爻。乾，代表天宇运行的动力，《周易》云："时乘六龙以御天。"龙不仅是古人创造出来的神兽、图腾，在封建时代，龙也是帝王皇权的象征，历代帝王都将自己称为"真龙天子"，因此，这里的6根盘龙金柱也象征着帝王统御。

紫禁城内外，到处可见带有龙图形的器物，太和殿作为规格最高的宫殿，自然也是龙最多的地方——整个太和殿内外装饰有各种形式的龙上万条。2010年，故宫博物院的工作人员将一组紫檀雕云龙连山顶竖柜放入了太和殿，在宝座地坪前又加铺了龙纹宫毯，如此一来，太和殿内外的龙，就达到14000条左右了。

太和殿内铺设的地砖是用特殊方法烧制的，敲之有声，断之无孔，制作工艺考究而复杂，耗时耗力，价值堪比黄金，因此被俗称为"金砖"。

明代的金砖在苏州烧制，其工序极为严格。首先，选用的泥土需露天放置整整一年，去掉土性，然后才炼成泥料。泥料要放入模具中，经过一系列繁复的烧制流程，铸上年代、规格、产地、督造府以及工匠名，才算基本完成。随后通过运河转运至北京通州，再经官府逐一检查，每用一块砖必须保证有三块以上备选，未被选用的砖一律销毁。

太和殿内的地面耗费了4718块金砖，以复杂严谨的工序铺砌而成，使得地面光可鉴人，冬暖夏凉。

"建极绥猷"匾

匾额是中国古代建筑文化的一个重要组成部分，多悬挂于门屏上，作装饰之用，许多人把它视为古建筑的眼睛，可以表达经义和情感的称为"匾"，表示建筑物名称或性质的叫作"额"。

太和殿宝座的正上方就挂着一副匾额，上写"建极绥猷"四字，乃是乾隆帝的亲笔。"建极"，出自《尚书·洪范》："皇建其有极。""绥猷"，典出《尚书·汤诰》："克绥厥猷惟后。"极，原指屋脊正中的梁；建极，意思是就像建造正梁一样，建立中正的治国方略。绥，本义为顺应；猷，是指道和法。因此，这四个字的意思可以归纳为：君临天下，既要建立强大国家，又要安抚海内藩属，以此开创万世功业。悬挂这块"建极绥猷"匾意在时时劝诫君王，要保有这样的治国理想。

每年冬至，北半球的太阳直射角度是一年之中最小的，但当阳光照在太和殿深处的金砖上面，反射的光也可以照亮"建极绥猷"匾。

屏风

宝座的背后是七扇云龙纹髹金漆屏风。

据说屏风诞生于周代，最早是专设在天子座位背后的器具，称为"斧扆"。《史记》中就有"天子当屏而立"的记载。

屏风的形制多以木为框，上裱绛帛，画有斧钺，是帝王权力的象征。摆设的屏风数量则以单数为主，高的在中间，两侧较低，形状像一座山。

经历了时代变迁，屏风不再属贵族专用，同时也衍生出多种形式，如插屏、围屏、座屏、地屏、挂屏等，有的简洁素净，有的华美雅致，能起到分隔空间、美化环境、挡风保暖、协调陈设等作用，令室内环境呈现出一种和谐之美。

⊙ 屏风和宝座

太和殿内的正中央，至高无上的皇帝宝座由七阶须弥座式平台高高托起，宝座椅背为圈椅式，下部以宽阔的须弥座式底座和脚踏承托，周身雕龙髹金，共有十三条金龙盘绕于椅圈之上，其余各部位则雕有火珠纹、云纹、卷草纹等纹饰，并缀以红蓝宝石。宝座背靠七扇云龙纹髹金漆屏风，两侧陈设香筒、香炉和瑞兽，可谓众星拱月，尊贵至极。

宝象

大象驮宝瓶而来，宝瓶中盛满五谷，这表示大象带来了丰收和吉祥，令全国上下富足安定，此寓意为"太平有象"。

角端

　　角端是传说中的瑞兽，外表与麒麟相似，头顶一角如犀牛，此外还有狮身、龙背、熊爪、鱼鳞、牛尾，模样略显怪异。据说角端能够日行一万八千里，通四方语言，世有明君，便现身传书于他。

　　古人相信，角端在官场中象征光明正大，好生恶杀；在民间则象征吉祥如意，风调雨顺，它的出现是四海升平的祥瑞之兆。

绕过太和殿，就能看到中和殿。与金碧辉煌的太和殿相比，中和殿的体量要小许多，像旅途中供人歇脚的凉亭，更像寺庙里僧侣们冥想的禅房。尽管占地面积不大，但它位居三大殿的中央，具有独特的地位与功能。

中和殿安装了圆形宝顶，象征北斗七星的第五颗星。屋檐四角攒尖，房体正方，四面开窗，门窗形制均按照《大戴礼记》所载"明堂"的规格制作。"中和"二字取自《礼记·中庸》，"中也者，天下之本也；和也者，天下之道也"，为清室入主紫禁城的第二年所改。

中和殿通常作为皇帝出席重大活动时的准备和休憩场所，凡遇皇帝亲祭，如祭天坛、地坛，须提前一日在此殿阅视祝文；春季亲耕仪式前，还要在此查验种子和农具。

殿中悬挂有"允执厥中"匾额，其典故出自《尚书》的"人心惟危，道心惟微，惟精惟一，允执厥中"，这是儒家所称的"十六字心传"，意在告诫皇帝，一言一行皆要不偏不倚，符合中正之道。

保和殿

外朝三大殿的最后一座是保和殿，也是怀揣读书入仕理想的学子们梦寐以求的殿堂。

自隋唐以来，各王朝均设立科举考试制度以选拔官员。在清朝，正式的科举考试分为乡试、会试、殿试，其中级别最高的殿试每三年一次，在皇宫内举行。从乾隆五十四年（公元1789年）起，保和殿就成为了殿试的固定场所。殿试一甲三人分别是状元、榜眼、探花。

在此之前，保和殿也曾做过顺治帝和康熙帝的寝宫。

谢圣恩

云龙阶石

在保和殿北面，三台石阶正中的御路由一块巨大的汉白玉雕成，被称为"云龙阶石"。阶石上雕有九条神龙，分为三组，或飞腾或垂降，周身流云环绕；下方是海水江崖，分五座宝山。神龙数九，宝山数五，象征九五至尊。

这块云龙阶石的石料品种为艾叶青，产自京郊房山大石窝，距皇宫有百里之遥，按尺寸推算，毛料将近300吨重，以当时的条件来说，能够完成运输，将石料搬进紫禁城，实属人间奇迹。据说当年运输前须先打井，一里地一口井，选择严冬时节，沿途泼水冻结成冰道，再以旱船承载石料，动用大量的人力畜力前拉后推，旱船才能缓慢前行，其间还要通过永定河上的卢沟桥，难度可想而知。明代的《两宫鼎建记》中就记录了当时"派民伕二万"拽拉旱船的"盛况"。

云龙阶石是紫禁城里最大的一块石雕，也是明朝遗物，紫禁城的元老。不过现在人们看到的石雕图案，是乾隆二十五年在原先的大石上重新凿刻的。

乾清门

　　乾清门的规格显然低于太和门，仅是一座面宽五间的单檐歇山顶建筑，坐落在单层汉白玉须弥座式台基上，周围环绕石雕栏杆。石阶两侧安放鎏金铜狮一对，门两侧为八字形红色琉璃影壁。

　　乾清门是内廷的正门，也曾是清代初期举行御门听政的地方，直到雍正帝创立了军机处。最具代表性的是康熙帝，他年轻时坚持每日御门听政，持续时间长达半个世纪，所以说乾清门是最能见证康熙帝勤政的地方。

乾清门广场

在保和殿与乾清门之间，有一处过渡地段，形似横街，被称为乾清门广场。这是紫禁城外朝与内廷的一条分界线，将整个紫禁城按六比四的比例，分为南北两部分：南为外朝占六，代表国；后为内廷占四，代表家。

明清时期，乾清门是连接外朝与内廷的重要通道，又是处理政务的场所之一，因此其保卫工作极其严密，所有守卫的官兵都须携带一块特制的腰牌，颁发时要写明使用者的相貌和编号等，以便查实。通行之人还需查验合符，一般通行者持阳符，守卫者存阴符，两相吻合无误，才能放行。

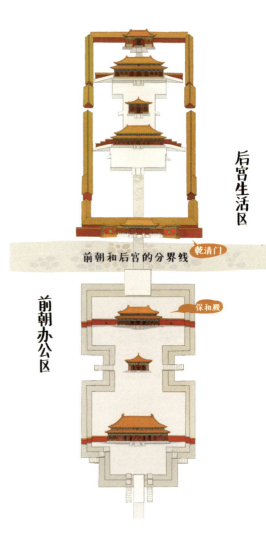

后宫生活区

前朝和后宫的分界线　乾清门

前朝办公区

保和殿

乾清宫

紫禁城的建筑艺术体现了中华传统文化的精粹，其中包括八卦的哲学象征。八卦最初见于《周易》，相传是由伏羲创造的一套由三组线段构成，示意阴阳关系的哲学符号，可以简单概括为"乾三连、坤六断、震仰盂、艮覆碗、离中虚、坎中满、兑上缺、巽下断"。乾清宫、交泰宫、坤宁宫三宫居中，与外朝的三大殿相应，被称为后三宫，是清朝帝、后居住的地方，形如乾卦。后三宫两侧是东西六宫，是嫔妃们居住的地方，排列如两个坤卦。

乾清宫自明代永乐皇帝起就作为皇帝的寝宫，到清代康熙帝当政，一直沿袭明制，雍正帝移居养心殿后，这里改为皇帝处理日常政务的场所。乾字代表天，清字代表清宁，两字相合，表达了统治者的愿望——天下清平安宁。

从乾清宫后廊的东西两边可以看到两个二层阳台，从正面也能看到东西暖阁的北面设置了二层楼，这种楼叫作仙楼，是在建筑的室内以木板隔成的二层阁楼，一般用于供奉神佛。故宫中装有仙楼的建筑不少，但内有仙楼，外带阳台的，仅乾清宫一处。

嘉庆二年 (1797 年) 十月二十一日酉时 (下午 5 点 ~7 点)，一场火灾导致乾清宫及其两侧的弘德殿、昭仁殿，后面的交泰殿被彻底焚毁，当时已是太上皇的乾隆帝为此专门发布罪己诏，并下令重新修建乾清宫、交泰殿。花费了不到一年时间，在嘉庆三年的秋天，新的乾清宫和交泰殿便已完成。

隐藏在后廊下的
二层小阳台

⊙ 二层小阳台

　　自康熙二十三年（1684年）起，上书房被设置为皇子们读书的场所。

　　小皇子们每天凌晨就要起床准备上学，一天至少学习10个小时，风雨无阻。一年之内，只划出5天作为假期，分别是元旦、端午、中秋、万寿（皇帝生日）和自己的生日。皇子们要学习的内容也很多，除了识文断字，还要练习骑射。

　　康熙十六年（1677年），康熙帝下令开辟乾清宫西南角的一间房子，命名为南书房，用于选取翰林院中才品兼优的大臣们入内研讨学问。

乾清宫前设有两座通体鎏金的"宫殿"，是紫禁城内最小的建筑，东边的名为江山金殿，西边名为社稷金殿，合称为江山社稷金殿。

金殿由下方的文石台承托，文石台分为三层，上雕海水江崖，甚是精美。周围环以白石栏杆，望柱十二根，柱头雕刻着狮子。殿身为铜质镀金，仿造木结构建筑的形态，在石台上的滚滚海水纹的衬托下，就像一座海上升起的仙阁。

这两座金殿是顺治帝重建乾清宫后的第二年增建的，自建成之日起，每日都有人在此供奉香烛，一直延续到末代皇帝溥仪在位的时候，此举表明了封建帝王对江山社稷的重视。

"正大光明"匾是紫禁城中广为人知的匾额。

雍正帝在位时，为防止皇子们争夺皇位而明争暗斗，遂建立了秘密建储制度——皇帝准备写有继位皇子名字的密诏两份，一份带在身边，一份封存于建储匣内，放到"正大光明"匾后面。皇帝崩逝后，由顾命大臣分别打开两份密诏，会同廷臣验看，以此确定皇位承继者。

清代通过"建储匣"揭晓继承人身份，随后登基的皇帝共有四位，分别是乾隆、嘉庆、道光和咸丰。咸丰只有一个儿子，而同治和光绪帝均无子嗣，他们驾崩后继任皇帝的人选由慈禧太后指定。

冬至日，当正午的阳光射入大殿之内，经地面金砖的反射，便可将"正大光明"匾和下面的五条金龙依次点亮。

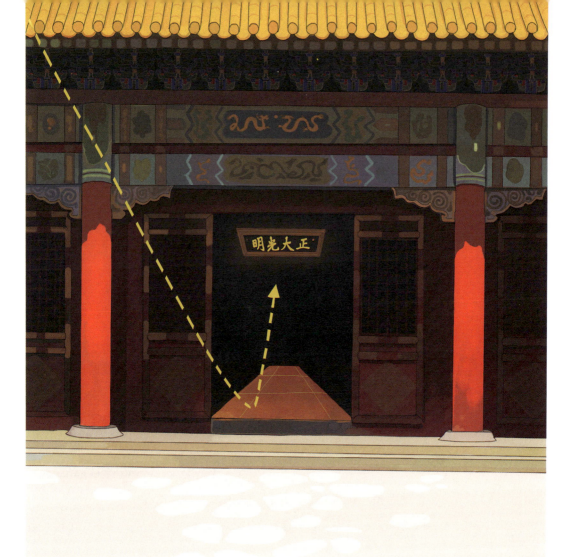

交泰殿是后三宫之一，建在乾清宫和坤宁宫之间，外形与外朝的中和殿相近，也是四角攒尖，镀金圆宝顶的方形宫殿。若用《易经》里的记载来解释"交泰"二字，便是地天泰卦，因乾为天，坤为地，坤上乾下，谓之天地交泰，阴阳合和。

明代，乾清宫是皇帝寝宫，坤宁宫为皇后寝宫，交泰殿建在两宫之间，正是意味着天地交泰，阴阳合和，凤凰装饰图案也是在交泰殿内第一次出现，交泰殿以南是没有的。

到了清代中后期，皇帝、皇后搬离乾清、坤宁两宫，将两宫改作他用，交泰殿也就成为了内廷的小礼堂，皇后生日这天会在此接受朝贺。

⊙ 凤上龙下图

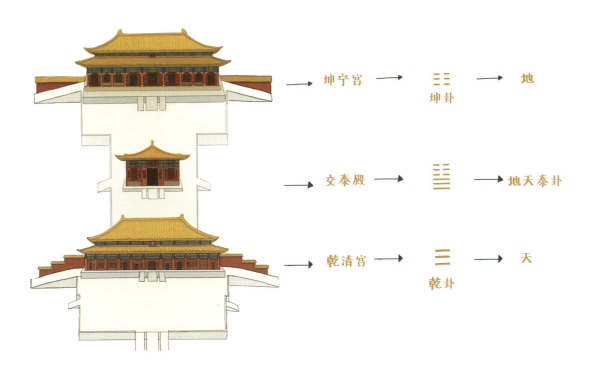

坤宁宫 ——→ ☷ ——→ 地
坤卦

交泰殿 ——→ ☲ ——→ 地天泰卦

乾清宫 ——→ ☰ ——→ 天
乾卦

⊙ 泰卦

在交泰殿内正中及东西两侧，排列着 25 个覆盖着绣龙黄缎罩的小箱子，那是当年存放印玺的盒子，它们被称为"宝盝"。

乾隆初年，这里收藏的宝玺数量达到了 39 方，既多且杂。乾隆帝随即进行考证研究，对前代皇帝使用的御宝进行排序，最终留下二十五方宝玺，并规定了它们的使用范围。

被排除在二十五方宝玺以外的印玺，有的作为文玩放置在各宫室中，有的因被前几代皇帝使用过，便被当作珍贵的国家典章文物，送到盛京皇宫（沈阳故宫）珍藏（即盛京十宝）。

二 十 五 宝 玺

大清受命之宝　　皇帝奉天之宝　　大清嗣天子宝　　皇帝之宝　　皇帝之宝

天子之宝　　　　皇帝尊亲之宝　　　皇帝亲亲之宝　　　皇帝行宝　　　　皇帝信宝

天子行宝　　　　天子信宝　　　　敬天勤民之宝　　　制诰之宝　　　　敕命之宝

垂训之宝　　　　命德之宝　　　　钦文之玺　　　　表章经史之宝　　　巡狩天下之宝

讨罪安民之宝　　　制驭六师之宝　　　敕正万邦之宝　　　敕正万民之宝　　　广运之宝

自鸣钟

　　矗立在交泰殿内的这座大自鸣钟，是清代嘉庆三年（1798 年）由宫廷造办处制造的。自鸣钟高 5.8 米，钟楼背面有一处阶梯，每月会安排一名太监，登上阶梯去开锁上弦，每次上满弦，便可走一个月。

　　既然称为自鸣钟，说明它能够报时报刻，一时一鸣，一刻一响。每天，自鸣钟响过之后，神武门、钟鼓楼也跟着鸣响钟鼓，全京城的人都可以据此校对时间。

铜
壶
滴
漏

与自鸣钟相对，在交泰殿内还摆放着一种非常原始的计时器——铜壶滴漏。

滴漏，约在三千多年前就由我国古代人民发明出来了，交泰殿内的这个大型铜壶滴漏，于乾隆十年制造，可能不具备实用价值，更多是与自鸣钟形成左右摆放的固定形式，起装饰作用。

坤宁宫

《道德经》有云："昔之得一者，天得一以清，地得一以宁，神得一以灵，谷得一以盈，万物得一以生，侯王得一而以为天下正。"坤宁宫之名便出自"地得一以宁"之句。

乾清宫代表阳，坤宁宫代表阴，二者对应，表示阴阳结合，天地合璧，因此紫禁城中最尊贵的女性是坤宁宫的主人。

坤宁宫始建于明朝永乐十八年（1420 年），在正德九年（1514 年）和万历二十四年（1596 年）的火灾中两次被毁，万历三十三年（1605 年）重建，清顺治二年（1645 年）重修，顺治十二年（1655 年）仿照盛京（沈阳）的清宁宫再次重修，嘉庆二年（1797 年），因乾清宫失火延烧至此，又于嘉庆三年（1798 年）重修。

清朝入关前，皇后的寝宫兼具皇室进行萨满教祭神的功能。入关以后，这个习惯也保留到了紫禁城中。每天早晚，坤宁宫都会举行祭神活动，每月初一、十五，或遇大祭的日子，皇帝、皇后都会亲自祭神。祭神仪式之后，皇帝会率领王公大臣吃祭神肉。

在坤宁宫吃祭神肉的活动被命名为"分福"，参与大臣们视为殊荣。然而，此事本身并不是什么乐事，祭神用的肉被称为"胙肉"，也就是白水煮肉，不加任何调料，并不好吃。但不吃是大不敬的，于是常有人会偷偷地在袖子里藏一点儿盐。

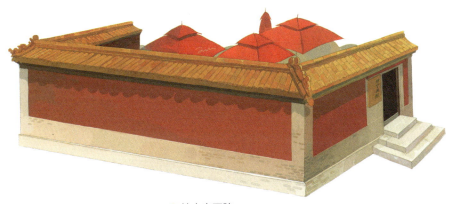

◎ 坤宁宫西院

御花园

　　御花园位于紫禁城中轴线的北端，坤宁宫后方，明代称"宫后苑"，清代改称"御花园"。这是紫禁城内面积最大的花园，园内布局以钦安殿为中心，两边布置各式建筑近二十座，大多倚墙而建，间或点缀奇石古树，形成情趣盎然的园林景观。

　　御花园既是帝后妃嫔休憩游览之所，也有祭祀、颐养、藏书等功能。以御花园为代表的皇家园林用料珍奇华美，奇木峰石均展现了中国园林艺术的美感，而通过这些草木山石，当下的我们也得以与那些遥远的园林营造者们进行无声的对话。

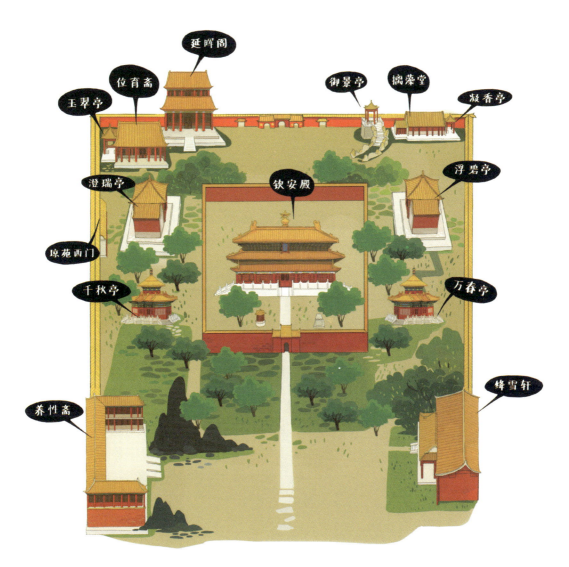

延晖阁

位育斋

玉翠亭

御景亭

摛藻堂

凝香亭

澄瑞亭

钦安殿

浮碧亭

琼苑西门

千秋亭

万春亭

养性斋

绛雪轩

天一门

穿过坤宁宫后的坤宁门，进入御花园的第一眼就可以看到一道拱形石门，门前有两只鎏金铜獬豸把守，那就是天一门。

天一门的名字取自《易经》中的"天一生水"，而其中蕴含的奥秘最早源于河图。

河图、洛书，是中国古代流传下来的两幅神秘图案，是中华文化的瑰宝，它们是阴阳五行术数的源头，蕴含了深奥的宇宙星象。

"河图"之"河"，指的是星河。河图本是星图，但用于地理之上，反映出"在天为象，在地成形"的寓意，正所谓"天一生水，地六成之；地二生火，天七成之；天三生木，地八成之；地四生金，天九成之；天五生土，地十成之"。

"洛书"的本意为"脉络图"，是表述天地空间变化脉络的图案，可解读为"一数坎兑二数坤，三震四巽数中分。五寄中宫六是干，七兑八艮九离门"。

⊙ 天一门门匾

天一门是钦安殿的前垣门，而钦安殿前的丹壁上，画着六条盘旋在碧波之间的金龙。水是滋润万物的根本，应和了"天一生水"，六条金龙则与"地六成之"呼应，卦象得以圆满。

河图　　　　　　　　　　　　　　　　　洛书

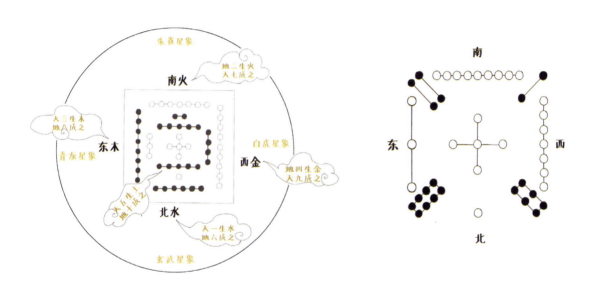

⊙ 天一门

钦安殿位于御花园中心南北中轴线上，其建筑始建于明代永乐年间，于嘉靖年间添建墙垣，随后自成格局，是御花园中的重要景致。明初曾在其左右设置东西七所，用于象征北方天空的星宿。

传说紫禁城里每一座主要宫殿都与天上星宿相对应，因为古人深信，天上的四维，大地的四方，都有灵兽镇守。东青龙，西白虎，南朱雀，北玄武，北方的七组星宿相连，有如龟与蛇在夜空交搏，这便是玄武神的由来。

紫禁城的第一位主人，明成祖朱棣信奉守护神灵真武大帝，特意在象征法统的中轴线上修建了这座神殿，用于供奉道教的北方神玄天上帝，即真武大帝。

在古代的民间信仰之中，真武大帝还兼司水神，因为阴阳五行中北方属水，其色为黑。巧合的是，紫禁城建成后曾多次发生火灾，而钦安殿从未被焚，足见真武大帝坐镇此处的"神威"。

　　在钦安殿的前方，天一门内院落的西南角，摆着一座精美的大型石雕。石雕高 2 米多，上部由两块巨石拼成，雕满图案，顶部是连绵的高山，山腰间飘浮着朵朵白云，四面各雕两条巨龙，一升一降头尾相接，游走于云雾之间，最下方是海水江崖纹饰，气势非凡。

　　这座石雕便是夹杆石，用来安放旗杆，此处原来曾有一根巨大的旗杆，名为旛杆或纛杆，杆长九丈五尺五寸（约 31 米），装饰有龙纹，顶部安着铜胎镀金的四方重檐亭宝顶，宝顶内有银匣，藏两部道教经典——《元始天尊说北方真武妙经》与《元始无量度人上品妙经》。西侧还有鎏金重檐圆形小铜亭一座，内供旗纛神牌。如今，这些都已经消失了。

御花园的承光门内，放置着一对鎏金铜象。它们呈现跪伏姿态，以鼻触地，身上佩戴着精美的饰物。自古以来，象被认为是吉祥之兽，它们形态威严，性情温和，因而承光门内的宝象身上汇集了护卫、礼仪、吉祥等不同寓意。

千秋亭位于御花园西南角，与万春亭相对，两座亭的平面均呈十字形，皆由一座方亭四面伸出抱厦而形成。整体看去上圆下方，乃是采用了"天圆地方"古明堂的形制，宝顶由彩色琉璃宝瓶和鎏金华盖两部分组成，檐下的槛窗和隔扇门的隔心均以三交

◎ 千秋亭

六椀棱花的形式装饰。

　　千秋亭和万春亭的色彩绚丽，造型精美，形式一致，仅藻井彩画有细微差别，可谓宫中的一对精品建筑。

⊙ 万春亭

　　浮碧亭位于御花园东北，与西北方位的澄瑞亭遥相呼应，同时二亭也与南部的千秋亭、万春亭相对应。浮碧亭与澄瑞亭皆坐落在石桥上，下方是长方形的水池，池壁上雕有石蟠首状的出水口，池中还有许多锦鲤来回穿梭。二亭别致精美，顶端与抱厦均为绿琉璃瓦黄剪边，攒尖顶上安装琉璃宝顶，亭内为八方藻井，绘双龙戏珠图案，但天花与檐下的彩画图案则各不相同。

⊙ 浮碧亭

◎ 澄瑞亭

御花园广聚天下珍景，也搜罗了不少奇石，其中三块最为著名：

第一，位于天一门外西侧的"诸葛亮拜寿石"，像个倒置的寿桃。这块奇石的正中央有一块天然的褐色痕迹，形状像一个男人在作揖祈拜，其右方的深色条纹中间，有数枚圆形的石星，排列如同北斗七星。因为石上的纹路让人联想到诸葛亮禳星延寿的典故，因此得名。

第二，位于天一门东侧的"海参石"，其表面聚合了许多小石块，看起来密密麻麻，就像海参聚在一起，张扬着它们的肉刺，非常传神。

第三，绛雪轩前的石雕露陈台上，摆着形似一段朽木的一块石头，上面的木纹还清晰可见。乾隆帝称其为"木变石"，不过如今看来它的学名应该叫"木化石"或"硅化木"，这是松树树干形成的化石。当年，黑龙江将军福僧阿得到了这块化石，将其作为"奇特之物"进献给乾隆帝。乾隆帝非常喜欢，专门提笔作诗，命人刻在上面："不记投河日，宛逢变石年，磋敲自铿尔，节理尚依然。"诗的意思是：它原是一块木头，不知何时掉入河中，又不知经历多少岁月，最终变成了石头，敲击起来会发出金石一般的声音，却还保留着木头的纹理。

⊙ 木变石

⊙ 海参石

⊙ 诸葛亮拜寿石

据说紫禁城里共有 72 口水井，其上大多建有井亭。这些井亭的造型与凉亭近似，不同之处在于井亭的顶部正中开有露天洞口，称为盝顶，这是因为古人认为未被阳光晒过的井水会变得阴寒，饮用后不利于人的健康，所以要开顶见天光。另外，穿透屋顶的阳光能够照亮井口内的水面，方便人们探知深浅，从而取水；如果水位过低，可以借助长竿深入井下提水，亭顶的开口也能帮助长竿上下。

御花园内共有两座井亭，位于天一门的两侧，一东一西。亭面阔 1.94 米，平面为正方形，屋顶为八角形，朱红色四柱，亭顶部覆黄琉璃瓦。亭檐下依次装饰以花草枋心苏式彩画、白石雕栏板、云龙望柱头、覆莲雕花柱础等，整体造型别致精巧，细节丰富。西边的井亭内还保留有长木和滑轮，那是当年打水用的。

堆秀山位于御花园东北部，是一座由太湖石堆砌而成的假山。山前两侧设置了两处石蟠龙喷泉，为宫中仅存的水法（喷泉），其引水方法是在山腰处暗设水缸用于储水，然后用长管相连，将水引至山下的蟠龙口中喷出。

堆秀山上建有御景亭，是御花园中位置最高的观景点，始建于明代万历十一年（1583 年），那时此山的名称叫作"堆绣山"。

在明代，每逢重阳节，宫内的帝后妃嫔就要摆驾御景亭观景，以应"重阳登高"的习俗。

因为组成堆秀山的太湖石形状奇异，堆叠技巧精湛，使得整座假山如云雾层叠，又似奇兽珍禽聚集。传说，可以在堆秀山上找到十二生肖，其中最惟妙惟肖的当属西侧山根下的鸡形石。

　　垂首俯瞰，御花园的地面道路也是一方自成一格的精彩世界。几百米长的甬道上，竟有九百多幅以各色石子拼嵌出的美妙图画，题材包罗万象，有花鸟、虫草、吉祥图案、博古图，甚至还从历史故事、民间传说中取材，充满意趣。

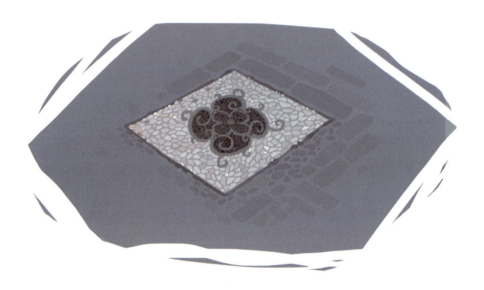

紫禁城的布局很有特色，以外朝三大殿和内廷三宫组成的"七大殿"为中轴，两边基本对称，并按照五行规律来命名。

北
西 东
南

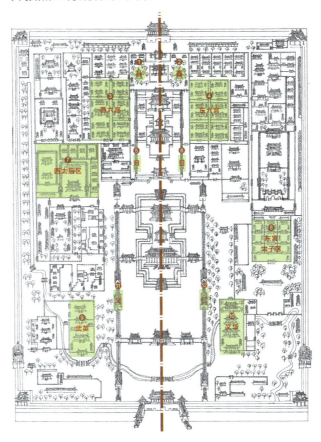

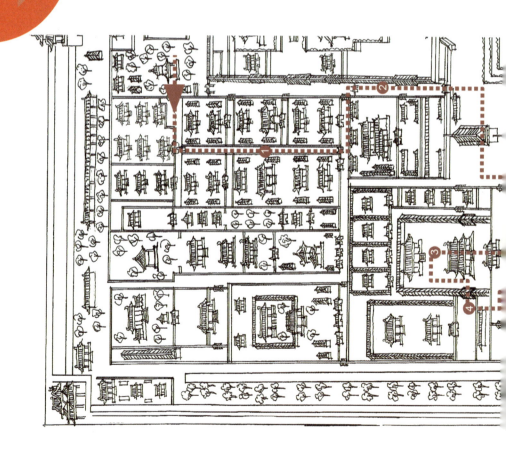

1 西六宫　**2** 养心殿　**3** 慈宁宫　**4** 寿康宫　**5** 慈宁花园

6 冰窖餐厅　**7** 十八槐　**8** 断虹桥　**9** 武英殿

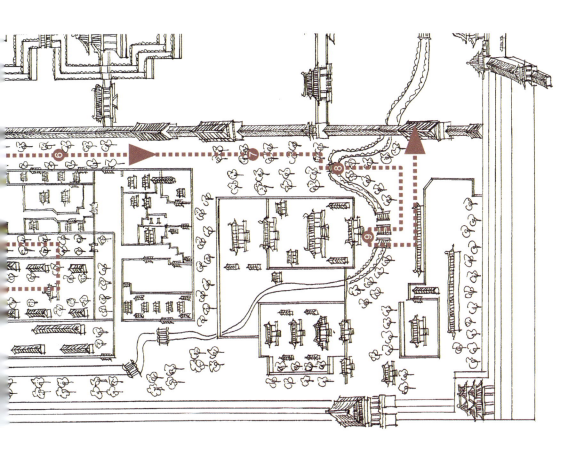

影壁

走出御花园西侧门，迎面而来的是一座影壁。

影壁又称照壁，古称萧墙，主要用以遮挡视线或气流，起屏障作用。一般可将设在大门内侧正对大门的，称为内影壁；设在大门外侧正对大门的，称为外影壁；还有设在宫门两侧，呈八字形的，则叫作八字影壁。

紫禁城的中轴线上，只有乾清门的两侧设有八字形琉璃影壁（具体参见乾清门一节）。中轴线以外的重要宫殿一般在门内外都设有影壁，其中较为独特的有永寿宫和景仁宫内的石影壁（具体参见永寿宫一节）；太极殿的五福捧寿影壁（具体参见太极殿一节）；宁寿宫门的外影壁——九龙壁（具体参见九龙壁一节）等。

绕过影壁，再往前走，便会看到右手边的重华门，门内便是重华宫。

重华宫原名"乾西二所"，乾隆帝登基后更其名为重华宫。"重华"二字取自《尚书》中的"此舜能继承尧，重其文德之光华"之句，有称颂太子的意思，因为乾隆帝登基前就住在这里。故而此宫也被称为"太子宫"，又叫作"潜邸"，寓意住在此处的皇子潜龙在渊，等待一朝飞腾。

重华宫沿用明代乾西二所的三进式院落格局，前院的正殿是崇敬殿，中院正殿即重华宫，后院正殿名为翠云馆。重华宫两侧有东西配殿，东配殿名为葆中殿，殿内匾额上书"古香斋"；西配殿名为浴德殿，殿内额曰"抑斋"，乃是乾隆帝的书房。中院内有一对井亭，东井亭内有井，西井亭则无，仅为对称而设。

自乾隆八年（1743 年）起始，每年正月，皇帝都会举办"重华宫茶宴"，会同内廷大学士以及翰林在此喝茶联句，到了嘉庆帝在位时，则将重华宫茶宴联句的时间固定于每年正月初二至初十期间。此茶宴在道光年间仍时有举行，至咸丰帝即位后便终止了。

西六宫

穿过西二长街上的百子门，西六宫分列于前，依旧呈现左右对称的分布模式。

西六宫为永寿宫、翊坤宫、储秀宫、太极殿、长春宫、咸福宫等宫苑的合称，位处内廷后三宫的西侧。西二长街将西六宫分隔为东西排列的两组，从高处俯瞰正合八卦中坤卦的模样。坤卦的核心概念是"顺"，预示着坤阴要顺从代表天的乾阳。西二长街南北各有一门，北端为"百子门"，南端是"螽斯门"，配合寓意"金秋"的金黄屋顶，皆展示了皇家子孙繁茂、多子多福的愿望。

明代时，皇后以坤宁宫作为住所，但在清代，自雍正帝迁居养心殿后，皇后寝殿也随之搬迁，一般都是在东西六宫中择一而居。

乾隆帝在位时，曾统一修缮东西六宫，并亲自为各宫题写匾额，随后谕令，凡东西六宫的陈设器皿，布置格局，永远不许移动改变。后来，咸丰帝下旨将长春宫和启祥宫打通，改称启祥宫为太极殿。慈禧太后五十大寿时，又将储秀宫和翊坤宫打通，使得整齐排列的西六宫，变成了如今两大两小的四个院落。

永寿宫

永寿宫始建于明永乐年间，初名"长乐宫"，万历年间更为现名。永寿宫属于西六宫之一，与东六宫中的景仁宫相互对应，二者名称皆出自《论语》，代表皇室对仁、寿的祈愿。两座宫门内都有一座风格相似的石影壁，连所在位置都差不多。这两座影壁以石材打造，边框为汉白玉雕就，壁芯则以整块的大理石磨制而成，两面呈现出不同的颜色与图案。每座石影壁前后共有四只靠兽，靠兽又称靠山兽或靠山龙，用于支撑和装饰影壁。这八只靠兽的造型一致，形态舒展，与武英殿旁断虹桥上的四只靠兽一模一样，只是体形略小些。有人猜测，这八只靠兽是从元代断虹桥的两座桥头上拆下来的。

永寿宫可以作为后宫院落的标准——二重院落各有东西配殿、井亭，规格很高。正殿之中，高悬一块匾额，外框饰有九条金龙，上书"令仪淑德"四字，为乾隆帝所题。顺治帝的皇后被废，降为静妃，就曾住在此宫，此外还有顺治帝的董鄂妃、雍正帝的皇后、嘉庆帝的如妃，都曾作为永寿宫的主人。

配有井亭

两重院落，
各有东西配殿。

⊙ 标准格局示意图

储秀宫和翊坤宫原本都有独立的院落。

兰贵人叶赫那拉氏（即慈禧太后）通过选秀入宫，便一直居住在储秀宫的后殿，咸丰六年（1856 年），她在此生下皇子，即后来的同治帝。

翊坤宫原为万安宫，明朝嘉靖年间改名，因其紧靠中轴线上的坤宁宫，"翊"字有护卫、辅佐的含义，便得名为翊坤宫。此宫与东六宫中的承乾宫对称而立，雍正帝的年妃曾在此居住，并生育了三男一女，可惜孩子先后夭折，她自己也因伤心过度而离世。

光绪十年（1884 年），慈禧太后为了庆祝自己的五十大寿，下令将储秀宫与翊坤宫进行改造，拆除储秀门及院墙，将翊坤宫的后殿改成穿堂殿（体和殿），从而打通两宫，形成了一个四进的院落。这项工程一共花费了六十三万两白银，打造出东西六宫中最豪华的宫院，并将后殿定名为丽景轩。此后，慈禧太后从长春宫搬出，移居储秀宫。如今的储秀宫仍保留着当年庆祝太后寿辰的陈设布置，处处体现一个"寿"字，如门窗均饰以万字团寿纹；院内游廊的墙壁上镶嵌着臣子们进献的万寿无疆赋等。

在这里，光绪帝曾为自己的婚姻大事下过决定——选隆裕为皇后，珍、瑾二姐妹为妃。末代皇帝溥仪的皇后婉容也曾在此处

⊙ 铜鹿

居住，如今翊坤宫廊下还有吊环留存，那曾是两架秋千。

翊坤宫前除陈列铜炉和铜缸以外，还有铜凤铜鹤各一对；体和殿前，陈设有一对铜凤；储秀宫前，还有一对铜鹿和一对铜龙，它们组成了鹿鹤同春、龙凤呈祥的美好寓意，可见此宫的规格超越了内廷的其他宫室。

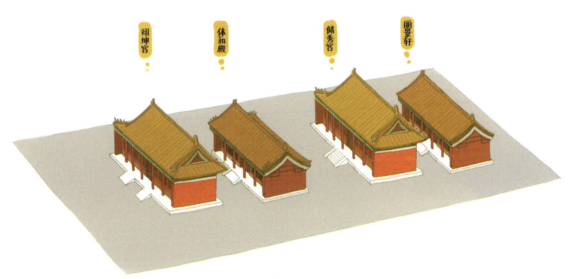

⊙ 储秀宫、翊坤宫改造后结构示意图

太极殿始建于明永乐十八年（1420 年），原名未央宫，咸丰年间，改名为太极殿，并拆除宫墙，令与长春宫连为一体。"太极"出自《周易》，代表宇宙的原初秩序。

改建之后，太极殿的南门启祥门被移到了巽位（东南），门内设五福捧寿影壁，这是内廷中罕见的木影壁，顶部铺黄色琉璃瓦，墙身涂朱红大漆，屏心有寿字纹样，环绕着五只蝙蝠。"蝠"与"福"同音，因而用蝙蝠指代福字，群蝠伴着流云纹样，象征洪福浩荡。

还有一处影壁很值得说道，上面镶嵌有二龙戏珠的图案。这是一种符合中华传统的吉祥纹样，两条龙的龙头左升右降，龙珠代表龙卵，二龙戏珠表现的是对新生命的呵护、爱抚和尊重。

光绪年间，在珍妃和瑾妃的提议下，以《红楼梦》为题材，于长春宫内回廊的墙壁上画上了 18 幅巨大的壁画。

慈禧太后掌政后，曾与慈安太后同住长春宫，院内建有戏台，以供饮宴娱乐之用。

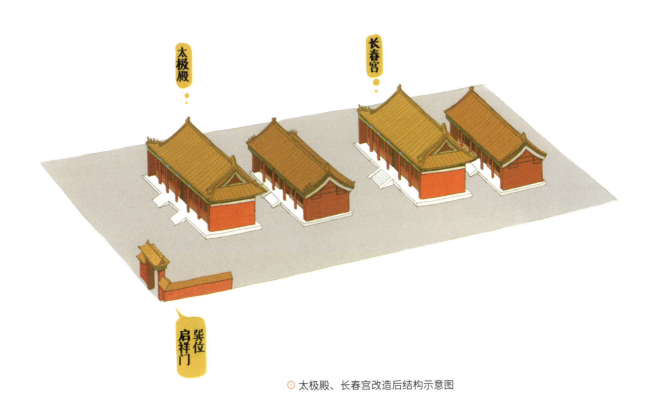

太极殿

长春宫

驽位
启祥门

⊙ 太极殿、长春宫改造后结构示意图

咸福宫

咸福宫原名寿安宫，为明永乐年间建造，至嘉靖十四年（1535年）更名为咸福宫。原先此宫供妃嫔居住，前殿用于行礼升座，后殿为寝宫。自乾隆帝开始，将咸福宫改为皇帝偶尔起居的宫殿，之后还作为皇帝守孝期间的居所。

共有四位皇帝曾在咸福宫守孝，乾隆帝去世时嘉庆帝在此守孝；嘉庆帝驾崩，道光帝又在此守孝；道光帝驾崩，咸丰帝在此守孝；咸丰帝驾崩，慈禧、慈安两位太后携同治帝返京，也曾居于此处。

螽斯门

西二长街南端的宫门名为"螽斯门"。"螽斯"，即人们日常所说的"蝗虫"，属于鸣虫中体型较大的一种，其繁殖能力极强，以它为门命名，有期盼皇家子孙昌盛之意。

《诗经》中便有一篇以螽斯为题，描绘螽斯的翅膀及其飞翔的声音，随后展开歌颂，许愿多子多孙，繁荣昌盛。

⊙ 螽斯门门匾

螽斯

螽斯羽，诜诜兮。宜尔子孙，振振兮。

螽斯羽，薨薨兮。宜尔子孙，绳绳兮。

螽斯羽，揖揖兮。宜尔子孙，蛰蛰兮。

⊙ 螽斯

养心殿

养心殿位于乾清宫西侧，是个独立院落，占地 7707 平方米。

养心殿始建于明嘉靖十六年（1537 年），"养心"二字取自《孟子》"养心莫善于寡欲"一句，意为涵养心性的最佳方法，就是克制各种欲念。

紫禁城中轴线两边的建筑，大多对称坐落。延续《周礼》中"左祖右社"的理念，与养心殿对应的正是明清两朝皇帝祭祀祖先的家庙——奉先殿。养心殿自清朝雍正帝开始，正式成为皇帝的主要居所和日常理政之处。

养心殿门口，陈设着一块玉璧，正对着宝座，寓意"面壁"，起到提醒、警示皇帝的作用。正殿设有宝座和御案，上悬雍正御笔"中正仁和"匾。

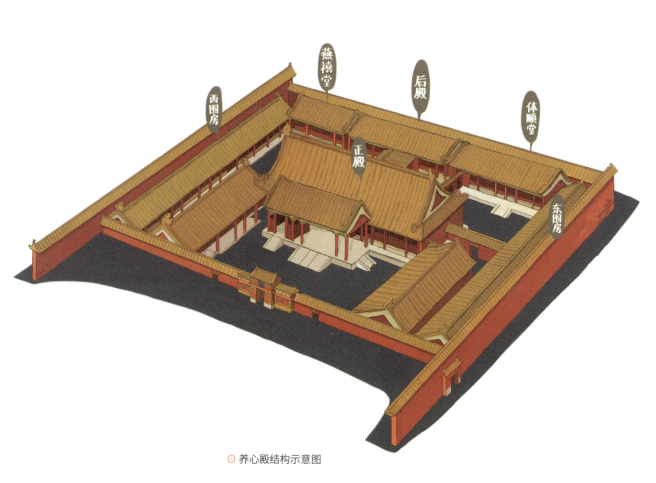

西围房

燕禧堂

后殿

体顺堂

正殿

东围房

⊙ 养心殿结构示意图

东暖阁

自雍正帝开始，养心殿的东暖阁就成为举行"明窗开笔"仪式的地方，一直延续到清朝落幕。

咸丰十一年（1861年）起，东暖阁又成为慈禧、慈安两位太后垂帘听政之处。宣统三年十二月二十五日（1912年2月12日），清代最后一位太后——隆裕太后携宣统帝溥仪，颁发了《清帝退位诏书》，这是清王朝正式结束的标志。

西暖阁

养心殿的西暖阁，是皇帝的办公之处，供皇帝处理日常政务、单独接见臣子或批阅殿试考卷。室内北设宝座，南为窗户，东向开门，与中正仁和殿相通。宝座上方匾额为雍正御笔的"勤政亲贤"四字，楹联则引用了张蕴古《大宝箴》中"故以一人治天下，不以天下奉一人"两句话，雍正帝将其稍加改动，题为"惟以一人治天下，岂为天下奉一人"。

军机处

军机处为清代最重要、存在时间最长的中央最高辅弼机构。雍正七年（1729年），清廷设立"军机房"，当时仅作为临时军事指挥机构。雍正十年（1732年）军机房正式改称"办理军机处"，简称"军机处"。军机处与养心殿相距不足50米，军机大臣须每天值班，以备皇帝随时召见，因此该机构具有极高的政务处理效率，实现了国事的速议速办。雍正帝曾赐军机处其亲笔所书的"一堂和气"匾。

三希堂

三希堂位于养心殿西暖阁内，是乾隆帝的书房，原名温室，后改为现名。三希本意为"士希贤、贤希圣、圣希天"，即士人希望成为贤达之人，贤达之人希望成为圣人，圣人希望成为知晓天理、至高无上的人，有自勉之意。此外在古文中，"希"又同"稀"，"三希"又指三件稀世珍宝，即乾隆十一年（1746年）收藏于此的三幅稀世书法珍品：王羲之的《快雪时晴帖》、王献之的《中秋帖》和王珣的《伯远帖》。

乾隆十二年（1747年）至乾隆十五年（1750年），乾隆帝主持刊印了《三希堂法帖》，使得包含这三幅稀世珍品在内的300多幅书法珍品得以见诸于世。

九九消寒图

养心殿后殿的燕禧堂楣扇上，挂着一幅双钩描红的九九消寒图。此图上方题名"管城春满"，"管城"是毛笔的别称，典出《全唐文》卷五百六十七《韩愈二十一·毛颖传》记载的"秦皇帝使恬赐之汤沐，而封诸管城，号曰管城子，日见亲宠任事"。此题意为"笔成春满庭"。

"管城春满"下有"亭前垂柳珍重待春风"九字，每字均为九笔，既符合九九之数，又寓迎春之意。

九九消寒图与中国北方数九的传统民俗密切相关。自冬至日起，每天填充一个笔画，每过九天为一九，九九八十一天后，寒冬消逝，春色满园。

从军机处出来向西，穿过隆宗门，就到了太后居所——慈宁宫区。

慈宁宫区由慈宁宫、寿康宫和慈宁宫花园组成，取"慈祥、安宁、健康、长寿"之意。

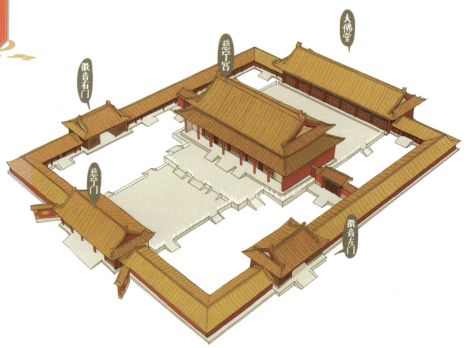

⊙ 慈宁宫布局示意图

慈宁门门前陈列着两只鎏金麒麟。

麒麟是中国古代传说中的瑞兽，代表太平、长寿，与龙、凤、龟合称为"四灵"。常见的麒麟形象集狮头、鹿角、虎眼、麋身、龙鳞、牛尾于一体，具有祥瑞、丰盛、辟邪、送子的寓意。

慈宁宫

慈宁宫始建于明嘉靖十五年（1536年），是嘉靖帝为其母蒋太后所建。清沿明制，顺治、康熙、乾隆年间也均为皇太后居住的正宫，同时也是为太后举行重大典礼的殿堂。

慈宁宫正殿居中，前后出廊，黄琉璃瓦重檐歇山顶。悬挂于慈宁宫的正殿、徽音左门和徽音右门的为三体文字匾，由中间的满文、右边的蒙古文和左边的小篆汉文组成。

慈宁宫殿前的月台上除有鎏金铜香炉、青铜龟鹤外，东侧还放置了一座日晷，而西侧却未放置与其对应的嘉量，而是安放了一座青铜月晷。月晷和日晷都是用来计时的仪器，月晷一般由不可旋转的地盘和可旋转的天盘组成，上面有一个可拨动的游表叫作"月引"，通过旋转天盘模拟月亮升起的角度和时差，月引对准月亮即可获知当前的时刻。因月亮又代表太阴，此处设月晷也是为了体现太后的尊贵地位。

⊙ 三体文字匾

⊙ 月晷

寿康宫

　　寿康宫位于慈宁宫西侧，是清代太皇太后、皇太后的居所，也有太妃、太嫔随居于此。乾隆帝的母亲崇庆皇太后就曾在此居住。

　　在寿康宫后殿的西次间中，有一个体量巨大的海南黄花梨龙纹柜，占据了整屋的正北面，堪称世界之最。木柜分左右两组，每组分上下两层，皆为双开门，门上雕刻着精美的龙纹，里面还设有带铜锁的暗柜。柜子上方修了一个仙楼，可以通过柜后的暗门，沿窄道顺着楼梯登上。

◎ 寿康宫卧榻

慈宁宫花园

慈宁宫花园始建于明代，乾隆三十四年 (1769 年) 改建后基本定形，是明清时期太皇太后、皇太后及太妃嫔们游憩、礼佛之处，被列为紫禁城四大花园之一。

主殿咸若馆位于慈宁宫花园北部中央，是供奉佛像和储藏经文的地方，东西两侧的宝相楼和吉云楼也均为佛楼。宝相楼是故宫开放区内唯一一座佛楼，佛楼的官方名称是"妙吉祥大宝楼"，根据藏传佛教格鲁派教义中的六品内容，分别供奉相应的佛像、佛经、法器及佛塔。

临溪亭位于慈宁宫花园的南部，亭的南北各有一个花坛，种有牡丹、芍药等花卉。花坛四周散植了一些松柏，间有玉兰、丁香，春华秋实，各有情趣。

慈荫楼

咸若馆

吉云楼

宝相楼

延寿堂

含清斋

临溪亭

揽胜门

⊙ 慈宁宫花园布局示意图

内务府是清代掌管皇家事务的机构，全称"总管内务府"。下设七司三院，负责管理皇家日膳、服饰、礼仪、库贮、工程、农庄、畜牧等，此外还涉及盐政、榷关、贡品等事务。

冰窖

参观完慈宁宫建筑群，可以沿着紫禁城西路继续往南走，很快就能看到西侧的冰窖餐厅和咖啡厅。

冰窖餐厅由旧时的冰窖改建而成。冰窖本为拱券窑洞式建筑，分地上和地下两部分，用条石条砖砌成。地上部分仅有一米多高，有门无窗，拱形门开在山墙上，门内有台阶通往窖底。由于窖深四米，建筑墙体、屋顶又很厚，因此密封隔热性能很好，可供皇家存冰之用。

◎ 故宫脊兽冰棍

造办处受命于皇帝，隶属于内务府，主要负责制造各种物品。其下设作、处、厂、馆等作坊，分工明确。造办处出品的许多珍贵文物是清代艺术与科技结合的体现，其"中西融合"的特征对中国工艺美术做出了突出贡献。

⊙ 造办处：粉青釉浅雕夔龙纹如意耳葫芦瓶

十八槐

　　继续南行，映入眼帘的是一片郁郁葱葱的树林，其中最有名声和来历的就是被称作"桥北十八槐"的十八棵古槐树。

　　中国民间有种说法，叫作"松柏桑梨槐，不入府王宅"，但这样的谚语似乎并不准确，例如槐树。自周代起，皇宫内便种植槐树，因其形态古朴，有吉祥昌瑞之意，所以又被称为"宫槐"。现如今，这条紫禁城中的要道上依旧存活着十七棵古槐树。

断虹桥

曲径通幽，步移景异。走过十八槐，就见到了横跨内金水河的断虹桥。

断虹桥是一座单孔汉白玉拱桥，南北走向，长 18.7 米，通宽 9.2 米，两端呈"八"字形向外分开。有学者认为，断虹桥建于元代，据《辍耕录》载："直崇天门，有白玉石桥三虹。上分三道，中为御道，镂百花蟠龙。"也就是说，最初此处有三座拱桥，居中的那座便是断虹桥，然而另外两座桥在明代时失修被毁，因此三虹被截去了两虹，故谓之"断虹"。

桥头两侧建有镇桥的"靠山兽"，意思是将神兽作为桥的"靠山"，以保佑此桥平安长久，免遭灾难。另两虹上的八个桥头神兽，可能被拆改后装饰在两座石影壁上，安放于永寿宫和景仁宫。

断虹桥的望柱上雕着 34 只大小不一、神态各异的石狮，或蹲或卧，宛然如生。望柱间镶嵌石栏板，板上雕有牡丹、菊花、莲花、慈姑、蜀葵等植物，十分精美，生趣盎然。

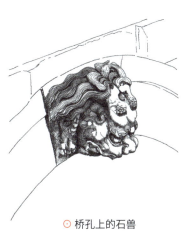

⊙ 桥孔上的石兽

武英殿

武英殿位于熙和门西侧，正殿即武英殿，位置在前，与后殿敬思殿以穿廊相连。正殿面阔五间，进深三间，为黄琉璃瓦歇山顶，殿外有内金水河环绕，大门的三个门洞正对着三座汉白玉金水桥，如此独特的亲水设计在紫禁城中仅此一处。

明朝时将武英殿作为便殿，皇帝在此斋居或召见大臣。明末李自成曾在此举行即位仪式，清初摄政王多尔衮也曾在此打理朝政，清康熙年间首开武英殿书局，做刊印装潢书籍之用。从此经过康熙、雍正、乾隆三朝，武英殿书局刊刻了大量书籍，著名的《四库全书》就在此印制。

协和门东侧有文华殿，正好与武英殿相对，有文东武西之意。

武英殿院内的西北角，有一座造型奇特的建筑，名为浴德堂，是清代词臣们校书用的值房。"浴德"二字源自《礼记》中的"澡身浴德"，意为修身养性，使得心境纯善。

浴德堂坐北朝南，面阔三间，为黄琉璃瓦卷棚歇山顶。若平视其建筑，甚是普通，然而顶上覆以穹顶，呈现出鲜明的阿拉伯风格，是它的独特之处。室内四壁至顶均贴有素白琉璃面砖，后墙上筑有壁炉用以烧水，室外设锅台、井亭，通过石槽将水引进锅炉，即可使蒸汽充满浴室。

清代于武英殿设御书处，该室遂改为蒸纸处，供印刷书籍蒸熏纸张之用。

◎ 浴德堂阿拉伯穹顶

浴德堂内景

熏蒸纸张

⊙ 浴德堂内部熏蒸纸张

宝蕴楼建于咸安宫旧址，是一幢两层西洋式建筑。咸安宫原是清代八旗子弟及景山官学中的优秀学员学习的地方，因此又称为咸安宫官学。

1914年，因为筹建古物陈列所，须存放从沈阳故宫及承德离宫运送至紫禁城的文物，北洋政府便选择在此修建库房，并定名为"宝蕴楼"，表示储藏的文物至珍且奇。现如今，宝蕴楼主要用作展示故宫博物院的院史。

东路导览

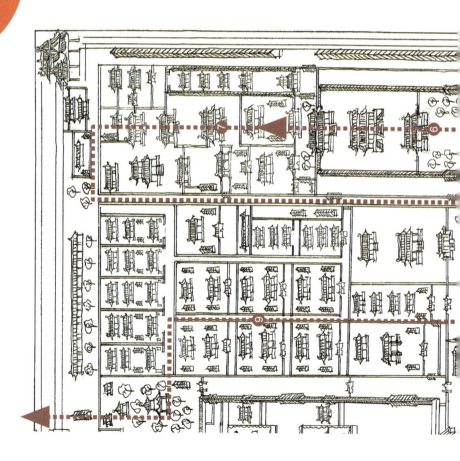

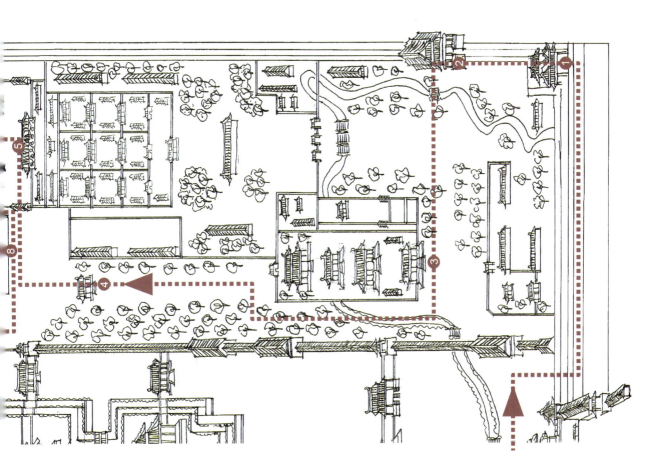

1 东南角楼　2 东华门　3 文华殿　4 箭亭　5 九龙壁

6 皇极殿　7 乐寿堂　8 奉先殿　9 东六宫

角楼

完成西路宫殿的参观，我们回到太和门广场，可先登上午门城楼眺望紫禁城全景，之后沿着南侧城墙一路向东，就到了故宫的东南角楼。

顾名思义，"角楼"的位置正好处在城墙的四个交角，即八卦方位中的"四隅"，它们是皇宫的防卫设施。此外，角楼的"角"还有另一层含义，即二十八星宿中的"角宿"，寓意为星君下凡，镇守宫城。

角楼下为须弥座式台基，中为方庭式，面阔进深各三间，四面明间各加抱厦一间。顶部共由6个歇山顶纵横相交而成，上、中、下三层屋檐有28个翼角，上覆黄琉璃瓦，房脊上还雕有230只吻兽。角楼的结构十分复杂，有"九梁十八柱，七十二条脊"，九、十八、七十二相加之和刚好是九十九，具有九九归一之意。我国古代匠师们运用高超的技艺巧妙地将角楼的建筑装饰性和功能性结合在一起，使得美观与防御功能并存，体现了传统木结构建筑的灵活多变，可谓紫禁城建筑中的杰作。

从东南角楼出发，继续北行，便到了东华门。东华门始建于明永乐十八年（1420 年），与西华门遥相对应。

东华门与西华门形制相同，平面为矩形，红色城台，汉白玉须弥座，当中开辟三座券门，券洞外方内圆，门外设有下马碑石。城楼面阔五间，进深三间，四周出廊，为黄琉璃瓦重檐庑殿顶，配以汉白玉栏杆基座。东面檐下悬"东华门"三字匾额，匾额上原有满、蒙、汉三种文字，现只余铜质汉字。

东华门上有门钉八行九列共七十二颗，并非传统的九行九列八十一颗，据传与阴阳五行之说相关。传闻紫禁城的宫墙四门与正殿太和殿形成了一个正五行方位系统,存在着一定的生克关系:南北轴线上是火生土、土克水的关系，即外生内、内克外，生进克出为吉宅；东西轴线是木克土、土生金的关系，即外克内、内生外，克进生出则是凶宅，而凶象中尤以木克土为甚。为了逢凶化吉，建造者特意将东门的门钉数量变为八行九列七十二颗，即把阳木化为阴木（偶数为阴），木虽能克土，但阴木却未必能克阳土，如此便破解了相克的困境。门钉仍保有九列，这在一定程度上保留了帝王的尊显。

目前，东华门城楼已成为营造与保护展览馆，记录着紫禁城的营缮历史。

⊙ 下马碑石

　　登过东华门城楼，可以继续向北走，过了金水河，能望见北边的建筑群就是南三所。南三所是皇子们居住之处，因其位于宁寿宫以南，故称"南三所"，也称"阿哥所"。一旦皇子受封亲王，就要立即迁出紫禁城，只有格外受重视的皇子，才会被允许住在宫内。

　　南三所只有一座宫门，面阔三间，进深一间，为绿琉璃瓦歇山顶。门居正中，门内有一东西向的窄长广场，广场北侧自东向西依次排列三所，每所皆为前后三进，形制完全一致，共有200余间房。根据阴阳五行之说，东方属木，青色，代表生长，南三所处在紫禁城的东部，并且使用绿瓦，正是代表皇子们能够茁壮成长的美好祝愿。

　　目前，南三所作为故宫博物院的办公区，尚未对游客开放。

⊙ 南三所绿瓦

文华殿

文华殿位于东华门西面，外朝协和门的东侧，与紫禁城西侧的武英殿遥遥相对。其殿面阔五间，进深三间，为黄琉璃瓦歇山顶；殿前出月台，直通文华门，通过穿廊与后殿主敬殿相连，呈现出工字形。

在明代，文华殿曾作为"太子视事之所"，又称东宫，故而宫殿屋顶铺设的是寓意茁壮生长的绿色琉璃瓦。嘉靖十五年（1536年），文华殿被改为皇帝便殿，此后成为明清两朝举办经筵之礼以及殿试阅卷的地方，屋顶铺设的绿色琉璃也随之改为黄色琉璃瓦。

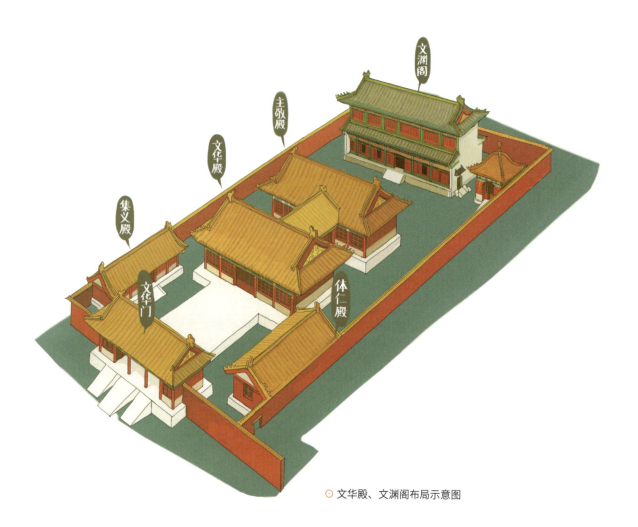

文渊阁

主敬殿

文华门殿

集义殿

文华门

体仁殿

⊙ 文华殿、文渊阁布局示意图

文渊阁

文渊阁建于乾隆年间，位于文华殿的后方，作为皇家藏书楼，文渊阁是专为贮藏《四库全书》修建的，"文渊"二字寓意着文化传承源远流长。

文渊阁坐北朝南，形制仿照天一阁，分上下两层，面阔六间，各通为一，沿袭了天一阁"天一生水，地六成之"的寓意。然而文渊阁的内部暗藏玄机，实为"明二暗三"的建造方式，即外观看上去为两层，实际在上层楼板之下的腰部空间多造了一夹层，因此共有上、中、下三层。按照紫禁城的惯例，为使皇帝位居正中，建筑面宽开间多为奇数，针对文渊阁面阔六间的构造，建筑师利用障眼法将楼梯置于隐蔽位置，占去部分空间，使得剩余五间再次成为奇数。

为保障安全，古人一般都将藏书楼建在水边。文渊阁前便凿有一池，引金水河之水流入，池上架桥，连通文华殿。五行中水为黑色，因此文渊阁铺设黑琉璃瓦顶，绿色琉璃瓦剪边，寓意以水压火，保护珍贵书籍免受祝融之灾。

《四库全书》编成后，共有七部抄本，分别藏于文渊阁、文源阁、文津阁、文溯阁组成的"北四阁"及文宗阁、文汇阁、文澜阁组成的"南三阁"。

沿着东路游览路线继续北行，可见一片开阔的平地，唯独一座箭亭竖立在此。箭亭虽名为"亭"，其形制却是一座独立的大殿，始建于清雍正八年（1730 年），是清代皇帝及其子孙练习骑马射箭的地方，也是武举考试的殿试之处。此箭亭面阔五间，进深三间，四面出廊，东西两侧是磨砖对缝的墙壁，无一扇窗户，南北两面为八扇菱花槅扇门，南五北三，这样的设计别具风格。

殿内正中设有宝座，靠着沥粉贴金龙纹背屏，东有卧碣一座，刊刻着乾隆帝训诫满洲贵族要遵循旧制、操演技勇的《训守冠服骑射》卧碑；西有嘉庆帝所立告诫子孙"不效汉俗"的《八旗箴》卧碑，其中还提出了具体的行为规范，即国语勤习、骑射必修、勿酗酒肆、勿入赌场、勿废银米、负债难偿等。刻下这些碑文的目的都是为了告诫八旗子弟不要忘本，要保留本族的优良传统。

太上皇城

走过箭亭北面的广场，东侧便是太上皇城——宁寿宫建筑群的入口。

宁寿宫建筑群可谓是城中之城，形制一如微缩的紫禁城，分前朝和后寝两部分。前朝设九龙壁、皇极门、宁寿门、皇极殿和宁寿宫，其规制分别仿照紫禁城中路的午门、太和门、太和殿、中和殿与保和殿。后寝则分中、东、西三路。中路依次是养性门、养性殿、乐寿堂、颐和轩、景祺阁和北三所（现已不存）；东路有扮戏楼、畅音阁、阅是楼、寻沿书屋、庆寿堂、景福宫、梵华楼、佛日楼等建筑；西路便是"乾隆花园"，即宁寿宫花园，其中主要有古华轩、遂初堂、符望阁、倦勤斋等建筑。这片区域是乾隆帝下令扩建，准备退位后居住的地方，因此被称为太上皇城，其建筑风格荟萃各式精华，除彰显主人地位的至高无上以外，还集中体现了燕娱功能。

现宁寿宫区被辟为珍宝馆，需另行买票参观。

　　顺着我们的行进路线，可以从西侧的锡庆门进入皇极门小广场，广场四周为东侧敛禧门，西侧锡庆门，南有九龙壁，北为皇极三门。

　　九龙壁倚靠广场正南面的宫墙而建，为乾隆三十七年 (1772 年) 改建宁寿宫时烧造，属于单面琉璃影壁，壁长 29.4 米，高 3.5 米，厚 0.45 米，上有黄色琉璃瓦庑殿顶，下承汉白玉石须弥座。壁面上盘踞着九条巨龙浮雕，被山崖纹饰分割成五组，阳数之中，九是极数，五则居中，"九五"之制是天子之尊的重要体现。九龙壁的整个壁面共用 270 块烧制的琉璃拼接而成，此数也是九、

五的倍数。

关于九龙壁还有一个有趣的传说，在东部白龙的下方有一块龙腹部件是用木头雕成的。相传九龙壁即将交工验收时，有一块琉璃构件被损坏，却没有可更换的备份，一个技艺高超的工匠急中生智，用木头雕刻龙腹，涂上颜色镶嵌在琉璃上，达到了以假乱真的效果。

紫禁城内的九龙壁与山西大同九龙壁、北京北海公园九龙壁合称为"中国三大九龙壁"。

养性殿

继续前行，踏进宁寿宫后的养性门，便来到了养性殿前。

养性殿是宁寿宫后寝的主体建筑之一，作为太上皇的寝宫，是乾隆帝归政的预备之所。"养性"二字出自《孟子》，意为养育正性以达到仁的境界。

养性殿建于乾隆三十七年（1772 年），整体仿照内廷中的养心殿建造，只是体量略小。但在乾隆四十一年（1776 年）建成此殿之后，乾隆帝却从未在此居住过。

皇极殿

宁寿门位于皇极门北面，是宁寿宫区的第二道宫门，穿过宁寿门，就到了皇极殿。

皇极殿是宁寿宫区的主体建筑，始建于清康熙二十八年（1689年），原本名为宁寿宫，但在乾隆年间改建，将其作为前殿，改名皇极殿，而原先的宁寿宫被移到了后殿。皇极殿的规制仿照乾清宫，面阔九间，进深五间，作为乾隆帝归政后临朝受贺的正式场所。

嘉庆元年（1796年），乾隆帝在此举办了著名的千叟宴，宴请七十岁以上老人五千余位，官民不限。千叟宴是我国尊老习俗的一种体现，也是清代宫廷规模最大的宴会，清代只有康熙、乾隆两位皇帝举办过千叟宴，是康乾盛世的锦上之花，无论世家大族还是平民百姓，都以参加此宴为无上光荣。

皇极殿的后殿便是宁寿宫，其内外檐形制及室内间隔、陈设皆仿照坤宁宫，如煮肉的锅灶、木榻大炕、萨满教的神位和法器等，细方而浅的廊柱和几乎落地的大窗均有关外建筑的特点，可以说这是一座典型的满族建筑。

目前，宁寿宫被辟为石鼓馆。石鼓又称陈仓石鼓，因形似鼓而得名，上面篆刻着古文字，名列中国九大镇国之宝当中，被誉为"中华第一古物"。这些石鼓的制造年代至少可追溯至秦朝，唐朝时被人发现于陕西凤翔（今陕西省宝鸡市石鼓山），此后几经辗转颠沛，最终还是得以保全。石鼓共有十块，为花岗岩质，高约 90 厘米，直径约 60 厘米。篆刻在鼓形石上的文字被称为石鼓文，因石上刻有大篆书记叙游猎的十首诗，故也称《猎碣》。

现故宫还藏有明代孙克弘旧藏的石鼓文拓本。

畅音阁

畅音阁一般指清宫内廷演戏楼，如今的官方全称是故宫宁寿宫畅音阁大戏楼，位于宁寿宫后区东路南端，养性殿东侧，是紫禁城内现存最大的一座戏台。

畅音阁始建于乾隆三十七年（1772年），乾隆四十一年（1776年）完工。该建筑高20余米，上有三重檐，依次在上、中、下三层檐下悬"畅音阁""导和怡泰""壶天宣豫"题匾。阁内又分为三层戏台，自上而下被命名为福台、禄台和寿台，仅寿台面积就有210平方米。三台均与天井相通，其中安设辘轳，可以升降幕景和演员，但只有极少数剧目演出时会用上三层台，大多时候都只在寿台进行表演。台下四角各有一眼窨井，南边中间有一口水井，作为戏中的喷水表演的取水之处。

北侧的阅是楼为皇帝、后妃、皇子等人的观戏之所，慈禧太后就经常在此听戏。阅是楼为单檐二层，其东西厢廊是王公大臣的陪观处。

乐寿堂位于养性殿以北，建于乾隆三十七年（1772年），是乾隆帝退位后居住的寝宫，其形制皆仿照长春园的淳化轩，庭院的东西廊壁上还嵌着敬胜斋帖石刻。

乐寿堂大厅建有仙楼，用楠木包以紫檀、花梨等贵重木材建造，以玉石、珐琅做间饰，高雅华贵，是乾隆时期建筑装修的代表作之一。

大厅北部陈设《大禹治水图》玉山，由新疆和田密勒塔山青玉雕刻而成，高224厘米，宽96厘米，重达5000千克。这件玉山是中国玉雕史上用料最宏、运路最长、耗时最久、器形最大的作品，也是清代玉雕的巅峰之作。当年先将大块青玉玉料从新疆运至北京，根据乾隆帝钦定的《大禹治水图》画轴为稿本，由造办处绘制纸样，画匠于玉料上临画，然后做成木样发往扬州雕刻。从乾隆四十六年（1781年）发往扬州，至乾隆五十二年（1787年）玉山雕成，共耗费了6年时间。

《大禹治水图》玉山上雕刻出峻岭叠嶂、瀑布急流，还有山崖峭壁上成群结队的劳动者，完美再现了大禹率领民众开山引水的壮观场面。玉山正面中部山石处，刻有乾隆帝阴文篆书的"五福五代堂古稀天子宝"十字方玺。玉山背面上部，刻有乾隆五十三年（1788年）所创《题密勒塔山玉大禹治水图》御制诗，歌颂大禹治水的功绩。

乾隆帝敕制此器还存有师法古代圣王之心，博取明君之名的意图，如此穷人力之极限的作品也彰显了当时国力的强盛。

乾隆花园

乾隆花园是宁寿宫花园的别称，专为乾隆帝退位移居后游赏而建，故又称乾隆花园。这是太上皇的私有花园，位于宁寿宫后区西侧，南北长 160 米，东西宽 37 米，共占地 5920 平方米，分为四进院落，每院的布局各有不同，主要建筑有古华轩、禊赏亭、旭辉亭、遂初堂、萃赏楼、延趣楼、符望阁、竹香馆、倦勤斋等。这些建筑与花木山石的布置充满妙趣，形成了"巧而得体、精而合宜"的优美景色。

乾隆花园的第一进院西侧建有一座禊赏亭，亭内外均饰以竹纹，暗合王羲之兰亭修禊时"茂林修竹"的环境，亭内设计了蜿蜒曲折的水渠，长达 27 米，渠水自亭外假山湖石间隐藏的水井引入，完美重现了"曲水流觞"的场景，故将此称为"流杯渠"。

倦勤斋位于乾隆花园的最北端，于清乾隆三十七年（1772 年）仿照建福宫花园中的敬胜斋而建造，坐北朝南，面阔九间，卷棚硬山顶，覆绿琉璃瓦，黄琉璃瓦剪边，是乾隆花园第四进院中最奢华的建筑。倦勤斋的格局分为东五间和西四间，写有"倦勤斋"三个字的匾额悬于东五间，内部装饰以竹黄和双面绣为主；西四间内四壁覆以 170 平方米的绢本重彩通景画，似乎是借鉴了欧洲教堂中的天顶画和全景画的形式。通景画穹顶是串串藤萝，若是站在宝座和戏台的中间仰望，会有一种奇妙的立体感，令人仿佛置身于天然的美景之中。

奉先殿建于明初，为明清皇室祭祀祖先的家庙，清顺治十四年（1657 年）曾进行重建。

大殿主体呈工字形，建在白色须弥座上，四周高垣围绕。前殿为正殿，面阔九间，进深四间，为黄色琉璃瓦重檐庑殿顶。殿内设列圣列后龙凤神宝座、笾豆案、香帛案、祝案、尊案等，供皇室向先祖上香祭告。经穿堂可达后殿，也是寝殿，同为黄色琉璃瓦单檐庑殿顶，殿内每间分为九室，供列圣列后神牌，为"同殿异室"规制。在清代，凡遇国家大庆及重大节日，均要在此举行祭礼。

如今，奉先殿被辟为钟表陈列馆，展出十八世纪制造的中外钟表一百余件。这些钟表不仅样式独特，经调试后大多还可照常运行，其中有一座铜镀金写字人钟，曾经深得乾隆帝的喜爱。此钟外形似亭状楼阁，分为四层，每一层都装有机关，可以在某些时刻运动起来。其中最精密的机关当属底层的写字机械人，它是一套独立的机械设置，不与计时所用的机械相连，其主体铜人似一位欧洲绅士，只要为他手中的毛笔蘸好墨汁，上弦启动后，铜人便会在三个圆盘的控制下写出"八方向化，九土来王"八个汉字。

⊙ 写字人钟

毓庆宫位于奉先殿西侧，于康熙年间为皇太子允礽特意选在明代奉慈殿的旧址上修建而成，康熙十八年（1679 年）正式完工，后在乾隆、嘉庆、光绪年间都有扩建或修缮。

毓庆宫前后共四进院落，正门名为前星门，门内为第一进院落，经过院北的祥旭门为第二进院落，其内正殿为惇本殿。第三进院东西两侧各有围房 20 间，至第四进院方见到正殿毓庆宫。此处在允礽之后便成为了皇子的居所，如乾隆帝少年时期一直在此居住；嘉庆帝、光绪帝也曾在此居住。毓庆宫在同治、光绪两朝还曾作为皇帝的读书处。

斋宫

斋宫位于毓庆宫西侧，是皇帝行祭天祀地典礼之前斋戒的住所，为致斋专用宫室。明代至清初，祭天祀地前的斋戒仪式均在宫外进行。到了清雍正九年（1731），兴建斋宫，这才将斋戒仪式改至宫中进行。

斋宫为前朝后寝两进式的长方形院落，前殿为斋宫，面阔五间，上为黄琉璃瓦歇山顶。殿内正中悬乾隆帝御笔"敬天"匾，东暖阁为书屋，西暖阁为佛堂，东西各有配殿3间，前廊与正殿左右转角廊相连，形成三合院带转角的格局。后寝原名孚颙殿，后改为诚肃殿，面阔7间，黄琉璃瓦歇山顶。东西耳房各2间，设游廊与前殿相接。

⊙ 金红绿石斋戒牌

东六宫

北行至苍震门往西，就到了东六宫，与此前介绍的西六宫一样，东六宫也是由一组六个相同形制的院落构成，但未曾进行合并改造。东六宫分别是景仁宫、承乾宫、钟粹宫、延禧宫、永和宫和景阳宫，这六座宫室被东二长街分为东西两组，长街南门为麟趾门，北门为千婴门。

景仁宫初名长安宫，明永乐十八年 (1420 年) 建成，于嘉靖十四年 (1535 年) 更为现名。景仁宫和西六宫中的永寿宫遥遥相对，两宫门前的石影壁据猜测均使用了断虹桥的桥头兽作为装饰。

明朝时，景仁宫是嫔妃的居所，明宣宗的第一任皇后胡善祥被废之后就居住于此。清顺治年间，孝康章皇后佟佳氏（当时为佟妃）在此居住，顺治十一年 (1654 年) 三月，康熙帝生于此宫。后来和硕裕亲王福全离世，康熙帝为悼念其兄，再次于此宫暂居。乾隆帝生母孝圣宪皇后、咸丰帝婉贵妃、光绪帝珍妃均曾在此居住过。

承乾宫初名永宁宫，崇祯五年（1632年）更为现名，清沿明制，为妃嫔居所，"承乾"即意指顺承天意。清顺治帝皇贵妃董鄂氏，道光帝孝全成皇后、琳贵妃、佳贵人，咸丰帝云嫔、婉贵人都曾在此居住。

承乾宫为两进院落，正门南向，名承乾门，前院正殿即承乾宫，室内正间悬挂乾隆帝御题"德成柔顺"匾，此题字是希望后宫嫔妃都能有高尚的德行与温柔和顺的性格。东西配殿则沿用明崇祯七年（1634年）安匾，名为贞顺斋、明德堂。

钟粹宫

钟粹宫原名为咸阳宫，明嘉靖十四年（1535年）改称钟粹宫，清代沿用。钟粹宫也是二进院落，主殿面阔五间，黄琉璃瓦歇山顶，前出廊。作为东六宫之一，钟粹宫也是妃嫔的住所，但在明代时，此地曾作皇太子的宫殿，至清朝再次成为后妃的居处。

清咸丰皇帝奕詝曾在此居住，孝贞显皇后自入宫也在钟粹宫居住，直至光绪七年（1881年）去世。

延禧宫

延禧宫初名长寿宫，嘉靖十四年（1535 年）改称延祺宫，清代又改称延禧宫，明清两朝皆作为妃嫔的居所。

历史上延禧宫曾多次被火焚毁，后又重建。清道光二十五年（1845 年），一场大火令宫室全部被毁，只余宫门，因此宣统元年（1909 年）开始在此兴建水殿，意在以水克火。在《清宫词》《清稗史》的记载中，水殿以铜作栋，玻璃为墙，墙的夹层中灌水养鱼，人可以透过玻璃观赏游鱼。隆裕太后为水殿题匾额曰"灵沼轩"，俗称为"水晶宫"。事实上，该殿从未完工，也不是由铜与玻璃建造，而是铸铁架构，汉白玉雕砌。

⊙ 延禧宫灵沼轩现在的样子

⊙ 水池注水变身水晶宫

永和宫初名永安宫，明嘉靖年间更为现名。正殿面阔五间，黄琉璃瓦歇山顶，殿前有抱厦三间，每一间的内部都有一组花式吊灯，其造型色彩均带有明显的西洋特点，上面还安有灯泡，当为清末时期引入紫禁城。

后院建有井亭，水井上方立着一台从德国进口的压水机，使用时压动手柄，就可以将井水吸取上来，这是当时最先进的汲水手段了。

雍正帝的母亲恭孝仁皇后乌雅氏曾在永和宫居住过 45 年，未曾搬到供太后居住的慈宁宫中。后来光绪帝的瑾妃入宫也在此宫居住。

景阳宫为二进院落，正门南向，名为景阳门，前院正殿即景阳宫。明朝此宫作为嫔妃的居所，也是明光宗朱常洛生母孝靖皇太后居住近 30 年的冷宫。到了清康熙二十五年 (1686 年)，此宫进行重修，但保持了明代初建时的格局。从此之后景阳宫改作收贮图书之用，或许因为这里距养心殿最远，因此是东西六宫中最冷清的院落。

参观完东六宫，我们又回到了御花园，再次穿过御花园就可以走到紫禁城的北出口——神武门。

神武门位于中轴线的最北端，是紫禁城北门，初名玄武门，名称来自四灵中的玄武，有坐镇北方之意。后因避康熙帝名讳中的"玄"字，便改称神武门。

旧时神武门内设钟鼓，与钟鼓楼呼应，可用于起更报时。每到戌时（晚7点），神武门大钟要先鸣响108声，表示"起更"。古人将晚7点至第二天早晨5点的这段时间分为五个更次，每两个小时（一个时辰）为一更。"更次"之间击鼓示意，直到五更结束，即次日早晨5点再次鸣钟，也是108声。

神武门外挂着匾额，上书"故宫博物院"，这五个字是我国著名历史学家郭沫若于1971年题写的。登上神武门城楼，可以沿着城墙一直走到东华门和东南角楼。

后 记

　　我于 2013 年创办弘易学堂，专注于传统经典的现代解读。在学习和传播国学的过程中，我深深地被中华传统文化所折服，也越来越深爱最能展现国人文化精粹的故宫。

　　我的太姥爷儿时在北京长大，迁居东北后还保留着很多老北京的习俗和爱好，潜移默化地影响了我的母亲，进而感染到我。不经意间，对四九城的情愫在儿时的我心里扎根，慢慢滋生出枝枝蔓蔓。如今，在北京工作和生活，我似乎更多了一丝亲切、一些体悟。

　　因为身居北京，时常会陪各方友人游览故宫。随着故宫的开放区域不断扩大，越来越多的人希望能够更多元立体地了解故宫，探究其丰富的文化底蕴。我也和大家一样，身在宫中时心中总有些许疑问：故宫为何这样布局？各宫殿的名字从何而来？中华民族的传统文化在这里闪耀着怎样的光华？谁能借我一双慧眼，发现这里一砖一瓦、一梁一柱的独特魅力？

由此，我心心念念于编写一本能够分享故宫游历体会、展现国学精华的书，让喜欢故宫的朋友能够通过此书更好地了解故宫，更热爱中华传统文化，更有民族自豪感和文化自信心。

由于深深受益于国学滋养，本书的立意不仅仅是介绍故宫游览路线和心得，亦是祈愿读者从点滴景象领悟国学积淀，以弘扬中华传统文化精粹。名为"趣解"，即借由满目观赏与古人对话，感受时光沉凝，畅享文明之美。

在此，我特别感谢金香梅、高磊和覃阳的加入，你们使这本书从出版的角度得以补充和完善；同时，也感谢多年来始终如一地支持弘易学堂的同学和朋友们，你们让我的前行充满力量！

囿于境界和学识，我对故宫的解读和游览线路推介未必面面俱到，期待在今后的学习和思考中不断精进。大家的鼓励和支持是我坚持不懈的动力。

谨以此书献礼紫禁城诞辰六百周年！

刘振羽
己亥年冬月夜于京西

参 考 文 献

《紫禁城 100》，赵广超著，故宫出版社，2015 年

《紫禁城宫殿》，于倬云主编，人民美术出版社，2014 年

《故宫知识 200 问》，含章编著，紫禁城出版社，2011 年

《图说故宫》，王镜轮著，中华书局，2017 年版

《紫禁城全景实录》，王镜轮著，故宫出版社，2014 年

《建筑紫禁城》，周苏琴著，故宫出版社，2014 年

《细说故宫》，王亚民著，故宫出版社，2014 年

《故宫史话（彩图版）》，单士元著，中国时代华文书局， 2017 年

《故宫院长说故宫》，李文儒著，天地出版社，2017 年

《紫禁城风水》，王子林著，紫禁城出版社，2010 年

《故宫》纪录片，《故宫》节目组编著，中国工人出版社， 2018 年

《从紫禁城到故宫》，单士元著，北京出版社，2017 年

《巧游故宫》，司俊峰著，故宫出版社，2019 年

《一个人的紫禁城》，孙克勤编著，清华大学出版社，2018 年